Frank D. Hammond

Ablehnung

FRANK D. HAMMOND

ABLEHNUNG

Von Gebundenheit zur Freiheit

WdL Publikationen
Postfach 101014
5630 Remscheid

Originally published under the title
Overcoming Rejection
by The Children's Bread Ministry
P.O. Box 72
Plainview TX 79073
USA

Übersetzung von Tanni Bluth
Umschlaggestaltung von Tanni Bluth
Satz Convertex, Aachen
Druck Cox & Wyman Ltd, Reading, England

1. Druck Mai 1991
2. Druck August 1996

ISBN 3-928019-07-4

Inhalt

Einleitung

Wenn ein Mensch an seiner Seele verletzt wird, dann ist es wichtig, daß diese inneren Wunden geheilt werden – genauso wie es bei den Wunden am Körper der Fall ist. Wenn jemand sich in die Hand schneidet, wird er schnell den Schnitt reinigen und einen Verband darüber anbringen. Warum? Weil er weiß, daß die Wunde sonst möglicherweise infiziert wird, wodurch sich alle möglichen Komplikationen ergeben können. Das gleiche trifft auf eine innere Verletzung zu. Wird die Seele eines Menschen verletzt, dann muß diese innere Verletzung unverzüglich gereinigt werden, indem man das geistliche Antiseptikum der Vergebung anwendet. Ist jemand durch Ablehnung verletzt worden, dann muß er schnellstens dem vergeben, der ihn verletzt hat. Es besteht sonst die Möglichkeit, daß ein unreiner Geist (ein geistlicher Krankheitskeim) Eingang in die Wunde findet und eine geistliche Infektion, genannt Dämonisierung, verursacht.

Nehmen wir an, eine innere Wunde ist nicht gereinigt worden, weil man es unterlassen hat, zu vergeben. Sie entzündet sich, weil sie durch Groll, Haß und Zorn infiziert wurde. Was kann man da machen? Die Antwort liegt in dem Kreuz Jesu Christi. Der stellvertretende Tod Jesu bringt uns Vergebung der Sünden und die Befreiung von unreinen Geistern.

Jesus ist der große Arzt. Sein Versöhnungsblut hat dafür vorgesorgt, daß wir vollständig geheilt werden können: unser Geist, unsere Seele und unser Körper. Er wurde *»um unserer Sünde willen zerschlagen« (Jes 53,5)*, und er war *»der Allerverachtetste und Unwerteste« (Jes 53,3)*.

Wie reagierte Jesus, als er verwundet und von anderen verachtet und abgelehnt wurde? Während ihm bei der Kreuzigung todbringende Wunden geschlagen wurden, betete er: *»Vater, vergib ihnen.« (Lk 23,34)*. Jesus lebte ein sündenfreies Leben. Wenn er auf Ablehnung stieß, ja selbst als er gekreuzigt wurde, reagierte er nicht in sündiger Weise. Deshalb ist er dafür qualifiziert, unser Erretter und Heiler zu sein. *»Denn wir haben nicht einen Hohenpriester, der nicht Mitleid haben könnte mit unseren Schwachheiten, sondern der in allem in gleicher Weise (wie wir) versucht worden ist, (doch) ohne Sünde« (Hebr 4,15)*.

Als Jesus einmal in der Synagoge lehrte, bestätigte er eindeutig, daß Jesaja über seinen Dienst prophezeit hatte: *»... er hat mich gesandt, Gefangenen Befreiung auszurufen... Zerschlagene in Freiheit hinzusenden« (Lk 4,8)*. Menschen werden zu Zerschlagenen infolge innerer Verwundungen. Solche, die »zerschlagen« wurden, brauchen Befreiung, und Jesus ist gekommen, solche Zerschlagene »in Freiheit hinzusenden«.

Befreiung ist Heilungsdienst. Das Endergebnis der Befreiung von bösen Geistern ist Heilung. Diese Wahrheit wird uns an manch einer Stelle im Neuen Testament vor Augen geführt.

In Apostelgeschichte 10,38 zum Beispiel wird gesagt, daß Jesus alle heilte, *»die vom Teufel überwältigt waren«*. In Matthäus 15,28 steht es, daß die Tochter der syrophönizischen Frau geheilt war, nachdem der lästige Dämon aus ihr ausgefahren war. Bei diesen Bibelstellen wird ein und dasselbe griechische Verb »taomai« benutzt. Es bedeutet: heilen, gesund machen, von Sünden, Fehlern und Krankheit befreien. Wir sehen also, daß in beiden Fällen der Dämonisierte mittels der Dämonenaustreibung geheilt wurde.

In Matthäus 4,24 werden sowohl die körperlich Kranken als auch die Dämonisierten zu Jesus gebracht, und es heißt: *»er heilte sie alle«*. In Lukas 8,2 werden gewisse Frauen erwähnt, die *»von bösen Geistern und Krankheiten geheilt worden waren«*. In diesen Bibeltexten erkennen wir zwei verschiedene Anwendungsformen der Heilung: Heilung von den Symptomen, die durch Dämonen hervorgerufen wurden und Heilung von körperlichen Leiden. Deshalb müssen wir die Frage stellen: »Was in einem Menschen – außer seinem Körper – braucht Heilung?« Die Antwort liegt auf der Hand: der innere Mensch. Die Seele muß geheilt werden *(siehe Psalm 41,4)*. Der innere Mensch ist die Persönlichkeit. Deshalb, als die sieben Dämonen aus der Maria Magdalena ausgetrieben worden waren, war ihre Persönlichkeit »geheilt«.

Das griechische Wort, das in Matthäus 4,24 und in Lukas 8,2 mit »geheilt« übersetzt wird, ist »therapeuo«, welches die Bedeutung hat: Pflege und Hilfestellung, die nötig sind, um jemand gesundzupflegen. Merke, daß die Definition von »therapeuo« auf einen Prozeß der Befreiung hindeutet. Diese Frauen, von denen die Rede ist, begaben sich in Jesu Fürsorge, um die »Pflege und Hilfestellung« zu erhalten, die sie nötig hatten, um wieder gesund zu werden. Sie wollten alles, ohne Einschränkung, tun, was er verlangte, und solange, wie es eben nötig war. Sie haben sich der Fürsorge des Großen Arztes anvertraut, so wie man sich in die Obhut eines Mediziners begibt. Diese Frauen blieben in der Obhut Jesu, akzeptierten seine Diagnose, seine Heilungsweise und seine Nachbehandlung, bis sie von der bedrückenden Macht der Dämonen völlig frei waren.

Bei dem Großen Arzt finden wir beides: die Diagnose und die richtige Behandlung. Wir können unseren Krankheitsfall getrost und in völligem Vertrauen in seine Hände legen. Bei ihm gibt es Heilung – Heilung des inneren Menschen und oft auch körperliche Heilung für solche, die durch Ablehnung verwundet worden sind und deren Wunden sich durch geistliche Infektion entzündet haben.

»Lobe den Herrn, meine Seele, und was in mir ist, seinen heiligen Namen! Lobe den Herrn, meine Seele,

und vergiß nicht, was er dir Gutes getan hat: der dir alle deine Sünden vergibt und heilt alle deine Gebrechen« (Psalm 103, 2.3).

Kapitel 1
Ablehnung – die Wurzel der meisten Probleme

Ablehnung schlägt tiefe Wunden

Die Verletzungen der Seele, die am häufigsten vorkommen, sind die Wunden, die infolge der Ablehnung entstehen. Sie gehören zu den schlimmsten und am meisten vernachlässigten. Nur sehr wenige von den Menschen, mit denen wir ein seelsorgerliches Gespräch geführt haben, konnten nicht sofort bestätigen, daß sie den tiefen Schmerz empfanden, der durch die Wunden der Ablehnung verursacht wurde.

Wenn Liebe verweigert wird, ist Ablehnung die Folge. Wenn ein Mensch geliebt wird, wird er akzeptiert, und man findet ihn gut. Wird er abgelehnt, dann findet man ihn schlecht und zieht sich von ihm zurück. Ablehnen ist gleichbedeutend mit zurückweisen, verweigern, im Stich lassen, abweisen, kalte Schulter zeigen, ignorieren, meiden, einem einen Fußtritt geben, geringschätzig behandeln, vernachlässigen, einem aus dem Weg gehen und mißbilligen. Die Wunden, die durch diese Art von Behandlung entstehen, sind tief und schmerzlich.

Jeder braucht Liebe

Wir alle brauchen Liebe. Liebe ist unumgänglich für die gesunde Entwicklung der Persönlichkeit. Liebe ist für uns das, was Sonnenschein und Wasser für eine wachsende Pflanze sind. Jeder, der meint, er brauche nicht die Liebe anderer Menschen, betrügt sich selbst. Die Tatsache, daß wir alle Liebe brauchen, wird durch die unzähligen Beispiele dessen demonstriert, was mit denen geschieht, die nicht geliebt wurden. Krankheiten verschiedenster Art entstehen. Selbst Haustiere brauchen liebende Berührung. Hunde hören oft auf zu fressen, werden krank und sterben manchmal, wenn keine Liebe da ist. Humanitäre Einrichtungen stellen manchmal Menschen an, die Tiere streicheln sollen, damit sie sich gesund entwickeln. Was für Hunde zutrifft, gilt auch für uns Menschen: Jeder von uns braucht Liebe. Wenn Liebe nicht da ist, bekommen wir Probleme.

Ablehnung verwundet das Ich. Und wenn das Ich verwundet ist, kann sich innerhalb der Persönlichkeit des betreffenden Menschen eine Vielfalt von Abnormitäten entwickeln, und in den meisten Fällen tut sie es auch. Die verwundete Persönlichkeit entwickelt die Tendenz, labil und absonderlich in ihrem Benehmen und in ihren Denk- und Verhaltensweisen zu werden. Der emotionale Streß, der durch die inneren Verwundungen infolge der Ablehnung entsteht, kann auch körperliche Leiden hervorrufen.

Gott ist Liebe

Gott ist Liebe. Sein Königreich ist ein Königreich der Liebe *(1.Joh 4,16)*. In 1. Johannes 4,19 erklärt die Bibel, daß Gott *»uns zuerst geliebt«* hat. Wenn Gott nach dem Menschen die Hand ausstreckt, um ihn zu retten, dann tut er es in Liebe: *»Denn so hat Gott die Welt geliebt, daß er seinen eingeborenen Sohn gab, damit jeder, der an ihn glaubt, nicht verloren gehe, sondern ewiges Leben habe« (Joh 3,16)*. Und: *»Gott erweist seine Liebe gegen uns darin, daß Christus, als wir noch Sünder waren, für uns gestorben ist« (Röm 5,8)*.

Satan haßt Liebe

Satan haßt Liebe. Er ist gegen Gott, der Liebe ist. Er möchte Liebe zerstören, denn inmitten der Liebe kann er nicht wirken. Ein Fisch kann nicht überleben, wenn er aus dem Wasser heraus ist. Es dauert nicht lange, und er stirbt. Genauso ist es auch mit einem Dämon: er kann in einem Milieu, das seiner Natur entgegengesetzt ist, nicht funktionieren. Er kann nicht wirken in einer Atmosphäre des Lobpreises, denn der Lobpreis bindet ihn *(siehe Psalm 149)*. Auch in der Liebe kann er nichts ausrichten, denn Liebe ist das genaue Gegenteil von dem Wesen Satans *(siehe Joh 8, 42-44)*. Liebe verhindert, daß Satan in unseren Beziehungen untereinander Zerstörung anrichtet. Aus diesem Grund ermahnt das Wort Gottes die Ehemänner, daß sie ihre Frauen lieben sollen, sowie auch die Ehefrauen ihre Männer, die Eltern ihre Kinder und die Christen einander. Liebe besiegt den Teufel, wogegen die Ablehnung eine Tür öffnet und dem Teufel die Gelegenheit bietet, etwas Böses anzurichten.

Satan richtet sein ganzes Reich auf der Grundlage der Ablehnung auf. Innerhalb des dämonischen Herrschaftsbereichs ist Liebe nicht existent. Satan liebt nicht die Dämonen, die seine Anweisungen ausführen, und die Dämonen lieben nicht ihren Meister. Und obgleich Satans Reich nicht geteilt ist, gründet sich seine Einheit nicht auf Liebe, sondern auf Furcht, Kontrolle und den gemeinsamen Hang zum Bösen.

Zwei Wurzeln, die gemeinsam operieren

Nachdem ein Mensch durch Ablehnung verletzt worden ist, beginnen zwei Probleme sich in seinem Leben bemerkbar zu machen: Die Angst vor Ablehnung und Selbstablehnung. Diese beiden parallel wirkenden Probleme stellen falsche Reaktionen auf die Wunden der Ablehnung dar.

Ist ein Mensch einmal tief verletzt worden, schreckt er grundsätzlich vor der Aussicht, erneut verletzt zu werden, zurück. Die Angst vor neuem Schmerz veranlaßt ihn, falsche Abwehrmechanismen zu entwickeln. Wem kann er trauen? Werden diejenigen, die ihm bereits Leid zugefügt haben, ihn nochmals verwunden? Werden noch andere ihm neue Wunden schlagen? Um weiteren

Schmerzen aus dem Wege zu gehen, beginnt er über die Absichten anderer Menschen Vermutungen anzustellen. Er beginnt, den anderen Menschen und deren Absichten zu mißtrauen. In anderen Worten, er entwickelt das, was die Psychologen als »Verfolgungswahn« bezeichnen. Wenn das Verhaltensmuster des Mißtrauens und der Verdächtigungen anderer sich einschleift, kann der Paranoide allmählich Ängste entwickeln, daß andere Menschen sich gegen ihn verschworen haben. Er gelangt zur festen Überzeugung, daß man ihn zur Zielscheibe von Schikanen und Verfolgungen gemacht hat. Angst vor Ablehnung ist immer die Wurzel des Verfolgungswahnes. Die Person, die an Verfolgungswahn leidet, erduldet große Qualen, womit Satan sein Hauptziel erreicht hat.

Selbstablehnung

Darüber hinaus, wenn ein Mensch eine Verletzung durch Ablehnung erlitten hat, beginnt er meistens, sich selbst abzulehnen. »Was ist es an mir«, fängt er an, sich zu fragen,»das andere abstößt?« Die Vorstellung entsteht in ihm, daß wenn er anders oder sogar eine völlig andere Person wäre, ihn die Menschen akzeptieren und lieben würden. Nachdem in ihm die Überzeugung gereift ist, daß der Schlüssel dazu, angenommen und geliebt zu werden, darin liegt, anders zu sein als er in Wirklichkeit ist, beginnt ein Mensch, der unter Selbstablehnung leidet, daran zu arbeiten, seine Persönlichkeit zu ändern. Er mag sein neues Ich nach den Vorstellungen in seiner Phantasie formen, oder auch nach dem Helden eines Romans, eines Fernsehfilms oder nach einem Menschen, bei dem er beobachtet, daß er von anderen geliebt wird.

Gott hat uns ursprünglich so gemacht, wie wir sind, weil er uns so wollte. Wenn wir die Persönlichkeit, die Gott geschaffen hat, verwerfen, dann öffnen wir uns für eine oder mehr Ersatzpersönlichkeiten, von denen jede einzelne ein Lügengebilde und dämonisch konstruiert ist. Auf diese Weise wird Selbstablehnung zu einer offenen Tür, durch welche die charakteristischen vielfältigen Persönlichkeiten der Schizophrenie sich Eintritt verschaffen. Solche Pseudopersönlichkeiten bestehen aus organisierten Gruppierungen von bösen Geistern und repräsentieren die Strukturen des dämonischen Reiches in einem Menschen.

Zu der Zeit, da ich Pastor wurde, fühlte ich mich sehr unsicher. Ich besaß praktisch überhaupt kein Selbstvertrauen. Wenn ich mich mit anderen Pastoren verglich, meinte ich stets, ich sei nicht so gut ausgebildet und auch nicht so fähig wie sie. In dem Bemühen, meinen jammervollen Zustand zu verbessern, imitierte ich solche von ihnen, die ich am meisten bewunderte und machte ihre Mannerismen und ihre Art, so gut wie ich nur konnte, nach. Eines Tages fragte mich meine Frau, die eine sehr gute Beobachtungsgabe besitzt: »Wie kommt es, daß du immer so predigst, wie der letzte Prediger, den du gehört hast?« Da ging es mir auf, daß ich ein Imitator anderer war. Ich war nicht mein wahres Selbst.

Als Teenager war ich sehr lang und dürr gewesen. Fast zwei Meter groß, wog ich nur hundertzwanzig Pfund. Ich hatte große Ohren, die wie Schiffssegel von meinem Kopf abstanden. Meine riesigen Schuhe sahen wie Brückenkähne aus. Mein Gesicht war durch furchtbare Akne entstellt. Wer konnte jemanden lieben, der so häßlich aussah? Ich haßte mich. Ich verabscheute es, in den Spiegel zu sehen. Mitschüler hänselten mich wegen meines Aussehens und gaben mir Spitznamen wie »Bohnenstange«, »Spinnenbeine«, »Stratosphäre« und »Haut und Knochen«. Nach außen hin tat ich so, als fände ich es alles sehr lustig und lachte, aber in meinem Inneren weinte ich. Meine persönlichen Erfahrungen mit den Schmerzen der Ablehnung haben bei mir Mitgefühl und

Verständnis mit solchen bewirkt, die mit der Selbstablehnung zu kämpfen haben.

Kapitel 2
Ursachen der Ablehnung

Böse Geister können nicht nach Belieben in einen Menschen eindringen. Sie müssen offene Türen haben. Aber erfahrene Ablehnung schafft eine Wunde, eine Öffnung, die Dämonen als Eingangstür benutzen.

In jahrelangem Befreiungsdienst habe ich versucht festzustellen, wovon die meisten Menschen befreit werden müssen, und bin zur Überzeugung gekommen, daß Satan die Strategie benutzt, das Leben eines Menschen bereits in dem Augenblick der Empfängnis an sich zu reißen. Satan kann nicht alles tun, was er gern tun würde, denn er darf nicht über das, was ihm »rechtlich zusteht« hinausgehen. Alles, was er kann ist: die negativen Umstände in dem Leben einer Person ausschlachten. Jemand mag zum Beispiel unter geerbten Flüchen stehen, die durch die Sünden seiner Vorfahren in Kraft getreten sind *(siehe 2.Mose 20,4.5; 5.Mose 30,19)*. Der Teufel wird diese Flüche in den kommenden Generationen aufrechterhalten, wenn nicht das Erlösungswerk Christi durch Glauben und Befreiung angewendet wird *(siehe Galater 3,13)*. Satan kann auch durch solche Dinge, wie negative Haltung und Süchte der Eltern eine Öffnung finden. Im folgenden werden wir sehen, daß der Teufel immer auf der Lauer sitzt und, wenn durch Ablehnung Wunden entstehen, die Gelegenheit, die sich ihm damit bietet, sofort beim Schopf ergreift.

Unerwünschte Empfängnis

Man stellt gewöhnlich fest, daß Dämonen in einen Menschen hinein gekommen sind, als er noch im Leib seiner Mutter war. »Ablehnung« ist ein böser Geist, der sich sehr häufig während der pränatalen Periode Eintritt verschafft. Ein Dämon der Ablehnung bekommt einen Grund einzutreten, wenn die Eltern des Kindes schon der Tatsache, daß es überhaupt empfangen worden ist, mit Ablehnung begegnen. Wie kann es kommen, daß ein Baby von der Zeit seiner Empfängnis abgelehnt wird? Nun, zum ersten kann es sein, daß das Kind durch einen Akt sexueller Lust gezeugt wurde und nicht aus Liebe. Der Mann und die Frau, die das Kind zeugten, taten es durch Unzucht oder Ehebruch und wollten nur ihr sexuelles Verlangen befriedigen und nicht ein Kind zeugen. Die ungewollte Schwangerschaft ist das Ergebnis ihrer ungezügelten sexuellen Lust. Nur wenige der unehelich empfangenen Babys sind gewollt und werden geliebt. Das Kind wird schon am Anfang seines Lebens abgelehnt.

Zusätzlich zu den Wunden der Ablehnung bringt die uneheliche Empfängnis das Kind unter den »Bastard-Fluch«. Unter dem mosaischen Gesetz war es einem unehelichen Kind und seinen Nachkommen bis zur zehnten Generation nach ihm verboten, den Tempel zu betreten *(siehe 5. Mose 23,2)*. Es gibt Familien und ganze Rassen von Menschen, die wegen der Babys, die unehelich empfangen wurden, unter einem Fluch der Illegitimität stehen.

Kinder sollen in Liebe empfangen werden. Während der Schwangerschaftsmonate kann die werdende Mutter ihrem ungeborenen Kind geistlich dienen. Sie kann ihm singen, für es beten und ihm immer wieder sagen, daß sie es liebt. Johannes der Täufer wurde noch im Mutterleib mit dem Heiligen Geist erfüllt. Das ungeborene Baby ist durchaus in der Lage, positiven wie negativen geistlichen Einfluß zu spüren. Manche Frauenärzte sind der Auffassung, daß ein Baby schon wenige Wochen nach der Empfängnis weiß, ob es geliebt wird oder nicht. Durch meine Erfahrungen in Befreiung weiß ich, daß es stimmt.

Andere Gründe der pränatalen Ablehnung

Manche Babys werden abgelehnt noch bevor sie geboren sind aus Gründen wie:

1. Zu schnell nach der Hochzeit empfangen. Das jungverheiratete Paar plante, noch eine Weile zu warten, bevor sie Kinder haben. Das Baby durchkreuzt die Pläne der Eltern und wird abgelehnt. Eine weitere Möglichkeit ist: Eine tugendhafte junge Frau wird noch während der Flitterwochen schwanger. Die Braut fängt an, sich Sorgen zu machen: »Was passiert, wenn das Baby ein wenig zu früh geboren wird? Wer wird mir da noch glauben, daß ich nicht schon vor der Hochzeit schwanger war? Meine Ehre wird in Frage gestellt.« Die Frau hat Angst, daß man sie des vorehelichen Geschlechtsverkehrs beschuldigen wird, und diese Angst hat zur Folge, daß sie ihr Kind ablehnt.

2. Zu schnell nach der Geburt eines anderen Kindes empfangen. Die werdende Mutter stöhnt, weil es ihr klar wird, daß sie nun gleichzeitig für zwei Babys, die noch in Windeln liegen, wird sorgen müssen. Sie hatte vor, mehr Zeit zwischen den einzelnen Geburten verstreichen zu lassen. Und so wird das Baby abgelehnt, weil es außerplanmäßig kommt.

3. Die finanzielle Lage der Familie wird zu sehr angespannt. Das Baby kommt als ein »Unfall« und wird beschuldigt, ein bereits belastetes Familienbudget über Gebühr zu strapazieren. Bei den heutigen hohen Krankenhaus- und Entbindungskosten meinen manche Ehepaare, sie könnten sich kein Kind oder noch kein Kind leisten.

4. Ängste. Die werdende Mutter ist voller Ängste vor den Schmerzen bei der Geburt, davor, daß sich während der Entbindung Komplikationen einstellen könnten oder vor Mißbildungen bei ihrem Kind. Solche Ängste bringen sie dazu zu wünschen, sie wäre nie schwanger geworden – was der Ablehnung ihres Babys gleichkommt.

5. Konflikte zwischen den Eltern. Die Ehe steht vielleicht kurz vor der Scheidung, und es ist nicht die richtige Zeit, ein Kind in die Welt zu setzen.

6. Die zukünftigen Eltern haben bereits alle Kinder, die sie haben wollten. Das Ehepaar hat zum Beispiel geplant, daß sie nicht mehr als drei Kinder haben wollen, und nun ist das vierte unterwegs.

7. Die Mutter hat vor, ihr Kind abzutreiben, oder sie versucht es tatsächlich. Was geschieht mit einem Kindchen, wenn seine Eltern es so stark ablehnen, daß sie planen, es durch Abtreibung umzubringen? Es gibt immer mehr Beweise dafür, daß sich das Baby in einem solchen Fall der Lebensgefahr, in der es sich befindet, bewußt ist. Selbst wenn die Abtreibung schließlich doch nicht stattfindet oder nicht zum Tode des Kindes führt, registriert das Bewußtsein des Kindes, daß man es umbringen wollte. Es ist nicht ungewöhnlich für ein solches Kind, wenn es heranwächst, abnorme Ängste zu entwickeln, seine Mutter könnte ihm Böses zufügen oder es gar ermorden.

Wenn die Abtreibung erwogen wird, dann stellt es manchmal eine nur vorübergehende Ablehnung des Kindes dar. Später, wenn man über die Angelegenheit richtig nachgedacht oder auch gebetet hat, wird das Baby doch noch angenommen und geliebt. Doch die ursprüngliche Wunde ist dem Kind bereits zugefügt worden, und die Dämonen werden die geöffnete Tür zu ihrem Vorteil benutzt haben.

Das Geschlecht des Kindes ist nicht erwünscht

Es kann vorkommen, daß das Kind sehnlichst erwartet wird – bis es geboren ist. Denn oft bekommen die Eltern, die sich einen Jungen wünschen, statt dessen ein Mädchen, oder sie wollen unbedingt ein Mädchen haben, und es kommt ein Junge. Für manche Eltern ist es ungeheuer wichtig, welches Geschlecht ihr Kind hat. Aber ganz gleich wie sehr sie sich auf eine bestimmte

Möglichkeit versteift haben, ist es töricht, ein Kind wegen etwas abzulehnen, was von Gott vorher geplant war und was das Kind außerstande ist zu ändern.

In manchen Fällen sind ein oder beide Elternteile überzeugt, Gott habe ihnen im Voraus offenbart, ob das Kind männlich oder weiblich sein wird. Diese Denkweise entbehrt nicht einer gewissen biblischen Grundlage. Sowohl Elisabeth, die Mutter von Johannes dem Täufer als auch Maria, die Mutter Jesu, bekamen die Mitteilung, sie würden schwanger werden und Söhne bekommen *(siehe Lk 1,13.35)*. Wir müssen jedoch zugeben, daß dies außergewöhnliche Fälle waren, und Gott offenbart nicht routinemäßig das Geschlecht eines Kindes dessen Eltern.

Ein Evangelist und seine Frau erwarteten ihr erstes Kind. Sie reisten zusammen von Gemeinde zu Gemeinde, und an vielen Orten wurde ihnen prophezeit, sie würden einen Sohn bekommen, der ein großer Diener des Herrn sein würde. Manche von diesen Prophetien wurden von bekannten Männern Gottes gegeben. Das Baby jedoch war ein Mädchen. Der Vater des Kindes war so geschockt und verwirrt, daß er seine kleine Tochter heftig ablehnte. Die Mutter verfiel in starke Verdammnisgefühle und gab sich die Schuld, daß sie sich irgendwie an ihrem Mann versündigt hat. Das Kind spürte die starke Ablehnung und schrie unausgesetzt. Es ließ sich von seinem Vater nicht halten. Nachdem meine Frau und ich mit diesem Ehepaar gesprochen und ihrem kostbaren Baby mit Befreiung gedient hatten, fand eine augenblickliche und übernatürliche Veränderung statt: Das Kind wurde ausgeglichen in seinen Emotionen und konnte seinen Vater akzeptieren. Sie reisten wieder zusammen von Ort zu Ort, und der Evangelist rief uns mehrmals an, um die neueste Entwicklung zu berichten und uns für den Dienst an seiner Tochter zu danken.

Ein weiteres Beispiel kommt aus meinem eigenen Leben. Als meine Mutter mich erwartete, rechnete sie mit einem Mädchen, was in ihren Augen absolut logisch war. Einen Jungen hatte sie schon und jetzt wünschte sie sich eine Tochter. Dazu kam sie aus einer Familie, in der es vier Töchter und keine Söhne gab. Sie hatte das Gefühl, daß sie mit Mädchen besser umgehen konnte als mit Jungen. Außerdem sehnte sie sich nach einer Tochter, die ihre Vertraute sein konnte. Mutter hatte also, bevor ich geboren wurde, nur Mädchennamen für mich ausgesucht. Daß auch ein Junge geboren werden könnte, wurde überhaupt nicht in Betracht gezogen, demnach auch kein Jungenname als Alternative erwogen. Doch in dem Augenblick, da sie mich sah, erkannte meine Mutter blitzschnell, daß sie mich unmöglich Nellie Katherine nennen konnte! Und es dauerte volle zehn Tage bis ich einen Namen bekam. Während ich heranwuchs, erinnerte mich meine Mutter oft daran, daß ich eine große Enttäuschung für sie gewesen war. Ihr Enttäuscht-Sein darüber, daß ich kein Mädchen war, brachte in mir das Gefühl hoch, sie lehne mich ab. Ich konnte doch nichts dafür, daß ich ein Junge war. Ich konnte überhaupt nichts daran ändern.

Aber ich möchte meine Mutter in Schutz nehmen und sagen, daß sie niemals wissentlich etwas getan hätte, was mir schadet. Sie war eine gute Christin und lebte entsprechend der Erkenntnis, die sie hatte. Genauso wie es in meiner Familie war, gibt es eben viele Eltern, die über das Geschlecht ihres Neugeborenen enttäuscht sind. Die Ablehnung, die diesen Kindern widerfährt, geschieht nicht in böser Absicht, sondern weil die Eltern nicht erkennen, welche Folgen das hat. Dessenungeachtet bekommt das Kind eine tiefe innere Wunde, und der Teufel nutzt es in seinem Sinne aus.

Ablehnung von seiten der Eltern, weil sie sich wünschen, das Kind wäre eines anderen Geschlechts, verursacht in vielen Fällen, daß Jungen verweiblicht und Mädchen vermännlicht werden. Ein Kind, das abgelehnt wird, weil es nicht »das richtige Geschlecht« hat, wird schon in frühem Kindesalter spüren, daß man Pappi und Mammi gefällt, wenn man sich wie ein Kind des anderen Geschlechts benimmt. Als Folge einer solchen Ablehnung stellen sich gewöhnlich beim Kind Selbstablehnung und Selbsthaß ein. Und eine ablehnende Haltung dem eigenen Geschlecht gegenüber kann schließlich zur Homosexualität führen.

Körperliche Mängel

Manchmal wird ein Baby abgelehnt, weil es mit irgendwelchen Körperfehlern oder auch mit regelrechten Mißbildungen wie etwa das Down-Syndrom (Mongoloismus) geboren wurde. Manche Kinder werden mit Hasenscharte und Wolfsrachen, mit Blutschwämmen und unterschiedlichen Graden von Deformierung geboren. Gewiß, nicht alle diese Babys werden abgelehnt. Aber manche werden es, schon wenn sie die geringste Deformität aufweisen.

Das Kind wird zum Opfer der Umstände

Die Zeit der Geburt ist für das Kind besonders schwierig. Es muß die warme, angenehme Umgebung des Körpers seiner Mutter verlassen. Neun Monate lang ist die Gebärmutter sein sicheres Zuhause gewesen. Jetzt, bevor es sein Leben außerhalb des Mutterleibes beginnt, muß es eine plötzliche und totale Veränderung durchmachen.

Es kommt häufig vor, daß die Mutter erst viele Stunden nach der Entbindung ihr Baby zu sehen bekommt. Es wird in den Neugeborenen-Raum gebracht, wo andere es wickeln und füttern. Der Vater darf auf sein neugeborenes Kind nur durch ein Glasfenster ein paar Blicke werfen. Es ist erfreulich, daß während der letzten Jahre manch eine Verbesserung an der Routine der Entbindungsstationen vorgenommen wurde. »Werdende Väter« werden ermutigt, Kurse zu besuchen, die sie darauf vorbereiten, bei der Geburt ihres Kindes dabei zu sein und Hilfe zu leisten. Vor allem ist es von großer Wichtigkeit, daß beide – Vater und Mutter – das Kind halten, seine Haut massieren und Eltern-Kind-Beziehung entstehen lassen. Wissenschaftliche Beobachtungen haben ergeben, daß Kinder, die unmittelbar nach der Geburt liebevoll berührt und gestreichelt werden, zu stabileren Persönlichkeiten werden gegenüber solchen, die während dieser strategisch wichtigen Zeit von ihren Eltern getrennt sind.

Die Wunde der Ablehnung kann immer dann entstehen, wenn das Kind des engen Kontaktes mit seinen Eltern beraubt ist. Zum Beispiel ist dies der Fall, wenn die Mutter ihr Kind bei anderen läßt und arbeiten geht. Sie holt ihr Krabbelkind bei dem Babysitter oder in der Kinderkrippe ab, wenn es Zeit ist, es ins Bett zu bringen und bringt es am nächsten Morgen wieder hin, noch bevor es richtig wach ist. Möglicherweise ist auch der Vater viele Stunden lang bei der Arbeit und von Zuhause weg und kann keine Qualitätszeit mit seinem Kind verbringen. Mit anderen Worten: Wenn die Eltern ihrem Kind zu wenig Zeit widmen, wird das Kind dies meistens als Ablehnung seitens seiner Mutter und seines Vaters registrieren. Gute Eltern sein ist eben eine vollzeitliche Beschäftigung.

Manche Kinder werden zur Adoption freigegeben. Von den eigenen Eltern auf diese Weise im Stich gelassen zu werden erzeugt eine starke Verletzung. Obwohl adoptierte Kinder gewöhnlich von ihren Adoptiveltern wirklich geliebt werden, bewirkt die bereits empfangene Wunde der Ablehnung, daß die meisten von ihnen nicht fähig sind, Liebe zu empfangen oder sie richtig zu erwidern.

Der Tod eines Elternteils oder beider Eltern verursacht ebenfalls eine tiefe Wunde in der Persönlichkeit eines kleinen Kindes. Das verwaiste Kind kann nicht begreifen, was mit seinen Eltern geschehen ist und interpretiert ihr Verschwinden aus seinem Leben als böswilliges Verlassen.

Ehescheidung stellt eine weitere zerstörende Macht im Leben eines Kindes dar. Die Wunden sind noch tiefer, wenn das Kind einer Atmosphäre des Streites und der gegenseitigen Konflikte ausgesetzt war, bevor die Scheidung stattfand. Junge Säuglinge und Kleinkinder sind geistig nicht in der Lage, zu verstehen, warum die Familie durch eine schwere Krise gehen muß, aber sie können durch das emotionelle Milieu, das durch die Konflikte in der Familie entstanden ist, wahrnehmen, daß sie in Gefahr sind. Ein größeres Kind in einer jungen Familie sieht sich oft gezwungen, mit dem kleinen Geschwisterchen um die Zuwendung der Eltern zu kämpfen. Der kleine Rivale wird mit Eifersucht betrachtet. Das »andere Kind« auf Mutters Schoß wird von dem kindlichen Verstand als: »Mutter liebt jetzt das Baby und nicht mich« registriert.

Opfer des Mißbrauchs

Es ist eine weit bekannte Tatsache, daß ein hoher Prozentsatz der Insassen in den Gefängnissen als Kinder mißbraucht worden sind. Eine Umfrage in einem der Gefängnisse ergab, daß hundert Prozent der Männer mißbrauchte Kinder waren. Diese Statistik spiegelt die furchtbaren Konsequenzen wider, die sexueller und anderer Mißbrauch während der Entwicklungsjahre für das Leben eines Menschen hat. Weil dies so ist, müssen wir lernen, die Ursachen anzugehen und nicht die Folgen.

1. Verbale Mißhandlung: Es gibt Kinder, die selten oder nie ein freundliches oder aufmunterndes Wort zu hören bekommen. Sie werden ständig ausgeschimpft, verflucht und lächerlich gemacht. Das einzige, woran sie sich erinnern können, ist, daß die Eltern immer wieder gesagt haben: »Ich wünsche, du wärest nie geboren. Du kannst nie etwas richtig machen. Aus dir wird nie etwas.

Du bist dumm. Ich wünschte, du wärest tot.« Manche Kinder haben große Schwierigkeiten, selbst wenn sie auf vorbildliche Art ermuntert und bestätigt werden. Wer kann aber die Not und den Schmerz der Kinder ermessen, die ständig durch grausame Worte mißhandelt werden?

2. Körperliche Mißhandlung: Kindesmißhandlung existiert, und man kann wirkliche Kindesmißhandlung durch keinerlei Gründe rechtfertigen. Es gibt jedoch heute die Tendenz, gewisse Arten der Disziplin als »Kindesmißhandlung« einzustufen, die es aber keineswegs sind. Manche Regierungsorgane behaupten zum Beispiel, daß körperliche Züchtigung immer »Kindesmißhandlung« sei. Aber eine ordentliche Tracht Prügel – richtig angewendet – ist biblisch und nützlich. Sie ist keine Mißhandlung, sondern liebende Korrektur *(siehe Spr 13,24; Hebr 12, 5-11).*

Vor vielen Jahren haben meine Frau und ich einen achtzehnjähigen Jungen als Pflegekind bei uns aufgenommen. Er war seinen Eltern wegen extremer körperlicher Mißhandlung weggenommen worden als er vierzehn Jahre alt war. Die emotionalen Auswirkungen waren so schlimm gewesen, daß er in eine psychiatrische Klinik eingewiesen wurde, um dort behandelt zu werden. Dort fanden wir ihn. Die Leitung zeigte uns Zeitungsausschnitte, in denen über seine Mißhandlungen berichtet wurde. In diesen Berichten hieß es, er habe mehrere Schädelbrüche durch die Schläge mit einer Eisenstange bekommen, ein Auge war aus der Augenhöhle geschlagen worden und hing an der Wange hinunter. Eine Hand wies Verbrennungen auf, die von dem Halten über einer Gasflamme herrührten, und die Arme waren mit Narben bedeckt von dem Kontakt mit brennenden Zigaretten. Wir können also aus eigener Erfahrung über die schrecklichen Auswirkungen berichten, die derartige Mißhandlungen auf die Persönlichkeit haben. Aber wir wissen auch um die Wiederherstellung, die auf Liebe und Befreiung folgt.

3. Sexueller Mißbrauch: Jede vierte von allen Frauen und jeder achte von Männern sind Opfer sexuellen Mißbrauchs. Ich spreche hier von erotischem Streicheln, homosexueller Belästigung, Inzest und Vergewaltigung. Sexueller Mißbrauch verursacht bei den Opfern extreme seelische Labilität. Diese Wunden werden gewöhnlich verdrängt und tief innen vergraben. Der Grund dafür liegt auf der Hand: In den meisten Fällen geschieht diese Art von Mißhandlung durch einen der eigenen Familienglieder oder Freunde. Um zu vermeiden, daß Schande über die Familie gebracht wird, wird die Sache totgeschwiegen, oder dem belästigten Kind werden irgendwelche Strafmaßnahmen angedroht, falls es den Täter bloßstellt. Aber es ist dennoch unvermeidbar, daß die Folgen solchen Geschehens sich auf die eine oder die andere Weise bemerkbar machen.

Der Teufel macht Überstunden, um den Kindern möglichst viel Schaden zuzufügen. In Schweden zum Beispiel ist Inzest jetzt legalisiert worden, und es bestehen Bestrebungen, ihn auch in anderen Ländern – sogar in den Vereinigten Staaten – zu legalisieren.

Welche Art von Auswirkungen können wir bei Menschen erwarten, die sexuellem Mißbrauch zum Opfer gefallen sind? Meine Frau und ich haben vielen sexuell mißbrauchten Frauen mit Befreiung gedient, die einen starken Männerhaß, Angst vor Männern und Mißtrauen Männern gegenüber aufwiesen. Verheiratete Frauen waren außerstande, sich an ihren Männern zu freuen, nicht weil die Männer ihren Frauen etwas Böses zugefügt hätten, sondern wegen der Übertragung negativer Gefühle und ablehnender innerer Haltung gegen Männer überhaupt, die aus der Mißhandlung im Kindesalter resultierten. In manchen Fällen haben Dämonen der sexuellen Lust und der Hurerei bei solchen Frauen Eingang gefunden, die von ihren Vätern, Großvätern,

Onkeln und Brüdern sexuell mißbraucht worden waren. Es ist festgestellt worden, daß die meisten Prostituierten während ihrer Kindheit sexuellem Mißbrauch zum Opfer gefallen waren.

In praktisch jedem Fall der sexuellen Belästigung erleben die Opfer ein tiefes Gefühl der Verunreinigung und der Schuld. Die Last der Scham, die sie empfinden, kann vernichtend sein.

Der Heilige Geist gibt oft übernatürliche Worte der Erkenntnis, die verborgene Wurzeln der sexuellen Mißhandlung ans Licht bringen. Bei anderen Gelegenheiten erzählen uns die Menschen, denen wir dienen, die Geschehnisse in ihrem Leben, die sie noch nie gewagt haben, jemand mitzuteilen. Wir sagen allen die Gute Nachricht, daß für alle, die seelisch und körperlich an den Folgen des sexuellen Mißbrauchs leiden, eine wunderbare Befreiung gibt.

Ablehnung durch Gleichaltrige

Die meisten von uns geben sich besondere Mühe, auf die Leute ihrer Altersgruppe einen guten Eindruck zu machen. Wir wollen um keinen Preis abgelehnt werden, wir wollen, daß man uns akzeptiert. Allerdings dürfen wir nicht übersehen, daß auch wir selbst zu denen gehören können, die andere durch unsere Ablehnung verletzen. Wenn jemand in unserer Gruppe abgelehnt wird, sollten wir ihn unterstützen, anstatt mit denen, die ihn ablehnen ins gleiche Horn zu blasen.

Ich gehörte einmal zu einer bestimmten Pastorenvereinigung. Bei unseren Zusammenkünften war gewöhnlich ein Bruder dabei, über den sich einige andere ständig lustig machten. Es dauerte nicht lange, und ich machte selber mit. Wir machten unseren Bruder zur Zielscheibe unserer Späße und Sticheleien. Wir mögen uns gedacht haben, das alles sei sehr amüsant, aber ich spürte, daß er durch unsere Bemerkungen verletzt wurde. Also bat ich ihn um Verzeihung und nahm es mir vor, ihn so zu behandeln, wie ich selber behandelt werden wollte.

Ablehnung durch Gleichaltrige kann zu jeder Zeit in unserem Leben geschehen. Die Kindheit ist jedoch die Zeit, wo man am leichtesten verwundet wird. Kinder können sehr grausam zueinander sein. Starke Erinnerungen an Ablehnung gehen oft in die Schulzeit zurück: ein Kind wurde ausgelacht und aus der Gemeinschaft der anderen ausgeschlossen, weil es zu einer bestimmten Rasse gehörte, wegen seiner Kleidung, seiner äußeren Erscheinung, der sozialen Stellung seiner Familie, der körperlichen oder geistigen Behinderungen oder auch nur aufgrund der Art der Schulbrote, die seine Mutter ihm mitgegeben hatte. Wenn Kinder von den Gleichaltrigen nicht akzeptiert werden, entstehen bei ihnen schwerwiegende innere Verletzungen.

Ablehnung in der Ehe

Trennung und Ehescheidung erzeugen immer Wunden der Ablehnung. Solche, die Gott zusammengefügt hat, können nicht getrennt werden, ohne daß schmerzliche Risse entstehen. Die schlimmsten Wunden sind oft solche, die durch traumatische, mit Ehescheidung zusammenhängende Erlebnisse entstehen. Die Untreue eines der Ehepartner bedeutet, daß er seinen eigenen Partner zugunsten einer anderen Person abgelehnt hat. Wenn der Bund der Ehe durch Untreue gebrochen worden ist, entsteht eine Wunde, weil die Liebe verraten worden ist. Wenn ein Ehepartner den anderen verläßt, bedeutet es, daß er die Liebe im Stich gelassen hat.

Es gibt auch Eheleute, die in ihrer Ehe in ständiger Ablehnung leben müssen. Es ist keine Kommunikation da, keine Freundschaft, keine Liebe. Eine oft vorkommende Form der Ablehnung innerhalb der Ehe ist sexuelle Ablehnung. Der Ehemann oder die Ehefrau verweigern ihrem Partner den ehelichen Verkehr.

»Der Mann leiste der Frau die (eheliche) Pflicht, ebenso aber auch die Frau dem Mann. Die Frau verfügt nicht über ihren eigenen Leib, sondern der Mann; ebenso aber verfügt auch der Mann nicht über seinen eigenen Leib, sondern die Frau. Entzieht euch einander nicht, es sei denn nach Übereinkunft eine Zeitlang, damit ihr euch dem Gebet widmet und dann wieder zusammen seid, damit der Satan euch nicht versuche, weil ihr euch nicht enthalten könnt« (1.Kor 7,3-6).

Kinder sind schuldlose Opfer ihrer geschiedenen Eltern. Auch sie erleiden tiefe Ablehnungswunden dadurch, daß sie den innigen Kontakt mit einem der Elternteile verlieren. Es kommt nicht selten vor, daß Kinder geschiedener Eltern das Gefühl haben, sie seien schuld an der Scheidung und hätten etwas tun können, um sie zu verhindern. Solche Kinder brauchen Befreiung von Schuldgefühlen.

Ablehnung in der Gemeinde

Wenn irgendwelche Mitglieder einer Gruppe oder Gemeinschaft sich liebhaben sollten, dann sind es ganz gewiß Christen. *»Hieran sind offenbar die Kinder Gottes und die Kinder des Teufels: Jeder, der nicht Gerechtigkeit tut, ist nicht aus Gott, und wer nicht seinen Bruder liebt« (1.Joh 3,10).* Und dennoch sind viele Menschen durch ihren Pastor und Pastoren durch die Leute in ihrer Gemeinde verletzt worden. Gemeindeglieder *»beißen und fressen«* einander oft *(siehe Gal 5,15). »Dies, meine Brüder, sollte nicht so sein« (Jak 3,10).*

Christus hat uns befohlen, einander zu lieben. *»Dies ist mein Gebot, daß ihr einander liebt, wie ich euch geliebt habe« (Joh 15,12).* Hier wird unser Gehorsam Gott gegenüber auf die Probe gestellt. Solche, bei denen es uns am schwersten fällt, sie zu lieben, sind Menschen, die unsere Liebe am meisten brauchen. Der Grund, warum manche uns so wenig liebenswert vorkommen, ist, daß sie bereits tief verletzt worden sind und auf diese Verletzungen reagieren. Ihre Persönlichkeit leidet unter den Wunden der Ablehnung. Sie brauchen andere Menschen, die sie in der gleichen Weise lieben, wie Gott sie liebt. Jede zusätzliche Ablehnung läßt die Wunden der früheren Ablehnungen intensiver schmerzen.

Kapitel 3
Reaktionen auf Ablehnung

Wenn ein Mensch Ablehnung erfährt, muß er darauf irgendwie reagieren. Vergebung gegenüber dem, der uns verletzt hat, ist die einzige Reaktion, die mit der Bibel im Einklang steht und die Gott akzeptiert. Er hat uns befohlen, anderen ihre Schuld zu vergeben.

»Und wenn ihr steht und betet, so vergebt, wenn ihr etwas gegen jemand habt, damit auch euer Vater, der in den Himmeln ist, euch eure Übertretungen vergebe« (Mk 11,25).

In der Vergebung offenbart sich Liebe. Gott vergibt uns unsere Sünden aufgrund seiner Liebe und nicht weil wir es verdient hätten *(siehe Röm 5,8)*. Es gibt bei Gott kein Gesetz dagegen, daß wir anderen vergeben, und ausgesprochene Vergebung schlägt dem Teufel die Tür der Gelegenheit vor der Nase zu.

Selbst wenn die Sünde, die gegen uns begangen wurde, sehr schwerwiegend und ohne jede Provokation unsererseits und zu wiederholten Malen begangen wurde, ist dennoch Vergebung die einzige Reaktion, die von Gott akzeptiert wird. Wenn Vergebung verweigert oder auch nur hinausgezögert wird, schafft es dem Teufel eine offene Tür, durch die er eintreten kann.

»Zürnet und sündigt (dabei) nicht! Die Sonne gehe nicht unter über eurem Zorn, und gebt dem Teufel keinen Raum. ...Alle Bitterkeit und Wut und Zorn und Geschrei und Lästerung sei von euch weggetan samt aller Bosheit. Seid aber zueinander gütig, mitleidig, und vergebt einander, so wie Gott in Christus euch vergeben hat« (Eph 4,26.27.31.32).

Jeder, der Liebe in die Tat umsetzt, indem er vergibt, ist ein Kind Gottes.

»Ihr habt gehört, daß gesagt ist: Du sollst deinen Nächsten lieben und deinen Feind hassen. Ich aber sage euch: Liebet eure Feinde, und betet für die, die euch verfolgen, damit ihr die Söhne eures Vaters seid, der in den Himmeln ist« (Mt 5,43-45).

Jeder, der keine Liebe zeigt, also auch nicht vergeben will, ist ein Kind des Teufels.

»Hieran sind offenbart die Kinder Gottes und die Kinder des Teufels: Jeder, der nicht Gerechtigkeit tut, ist nicht aus Gott, und wer nicht seinen Bruder liebt« (1.Joh 3,10).

»Aber«, werden wir vielleicht fragen, »wie ist es mit den kleinen Kindern? Was kann ein Säugling oder ein Krabbelkind tun, um die Dämonen der Ablehnung draußen zu halten? Kleinkinder sind doch besonders leicht durch die Ablehnung verletzt. Kann man von ihnen erwarten, daß sie denen vergeben, die gegen sie sündigen?« Babys im embrionalem Zustand sind offensichtlich nicht dazu in der Lage, ihren Eltern oder anderen Personen, die sie ablehnen, gegenüber Vergebung zu üben. Da Säuglinge und junge Kinder unfähig sind, sich selbst vor dämonischen Angriffen zu schützen, hat Gott ihre Eltern zu ihren Beschützern gemacht. Die meisten Eltern geben sich die größte Mühe, ihre Kinder vor physischen Gefahren zu schützen. Gefährliche Gegenstände und Substanzen werden außerhalb ihrer Reichweite untergebracht, und den ganz Kleinen wird es nicht erlaubt, auf der Straße zu spielen. Doch gleichzeitig geschieht es oft, daß Eltern, die ihre Kinder eifrig vor jeder physischen Gefahr schützen, es versäumen, ihnen auch geistlichen Schutz zu gewähren. Eltern, die nicht zu Jesus gehören und seine Wahrheit nicht kennen, verfügen einfach nicht über die geistliche Autorität und göttliche Weisheit, die nötig sind, um Kinder vor geistlichen Gefahren zu schützen. Und Satan ist schnell dabei, aus dem Versagen der Eltern Kapital zu schlagen.

Satan nutzt jede sündige Reaktion aus, die durch die Wunden der Ablehnung hervorgerufen wird, und böse Geister kommen in diese Person hinein. Diese Dämonen schließen sich zu einem »Team« zusammen und bilden eine dämonische Kette der Bedrückung. In dem Maße, in dem sich mehr und mehr dämonische Geister zusammenschließen, kommt der Mensch unter immer schwerere Bindung und Bedrückung.

Da sündige Reaktionen auf Ablehnung den Dämonen offene Türen bieten, ist es von großer Wichtigkeit, daß wir diese Türen identifizieren und sie verschlossen halten.

Manche Fehlreaktionen auf Ablehnung bringen uns dazu, bei Konfrontationen gegen andere Personen heftig auszuschlagen und ihnen Zorn, Bitterkeit und Rebellion entgegen zu schleudern. Oder aber wir mögen mit Selbstmitleid, ängstlicher Unsicherheit und Entmutigung reagieren, die wir tief in uns verschließen. Die folgende Auflistung von Fehlreaktionen auf die Wunden der Ablehung sollte jedem von uns ermöglichen, falsche Reaktionen auf erlittenes Unrecht als falsch zu erkennen.

Rebellion

Ende der 60er und Anfang der 70er Jahre, als die sogenannte Hippie-Bewegung sich auf ihrem Höhepunkt befand, waren meine Frau Ida Mae und ich gerade dabei zu lernen, wie man den Menschen mit Befreiung dient. Der Herr öffnete uns eine besondere Tür, damit wir den Hippies das Evangelium bringen konnten. Es kamen sogar so viele Hippies zu unserem Haus, daß die Leute in der Stadt anfingen, mich als den »Hippie-Pastor« zu bezeichnen. Ein wesentliches Charakteristikum der Hippies war ihre rebellische Haltung. Sie stellten sich gegen jede gültige Autorität. Es war interessant festzustellen, daß nachdem wir den äußeren Anstrich der Rebellion bei einem Hippie entfernten, wir unter dem Haß gegen das Regierungssystem und jegliche Autorität stets eine Wunde der Ablehnung vorfanden. Die Wurzel der Rebellion ist immer die Ablehnung. Diese jungen Männer und Frauen sind nicht geliebt worden. Die meisten von ihnen sind von ihren eigenen Eltern in drastischer Weise abgelehnt worden. Manche von ihnen beklagten sich, daß ihre Eltern sie nicht genug liebten, um sie zu disziplinieren. Das Fehlverhalten der Kinder wurde nicht korrigiert. Aus diesem Grund nahmen die Hippies allen Trägern der Autorität gegenüber die Haltung an: »Sie lieben mich nicht, warum sollte ich sie also respektieren?«

Liebe zu den Personen in Autorität wird sich dadurch dokumentieren, daß man sich ihnen unterordnet. Jesus hat zu seinen Nachfolgern gesagt: *»Wenn ihr mich liebt, so werdet ihr meine Gebote halten« (Joh 14,15)*. Wenn Menschen in leitenden Positionen entweder ihre Macht mißbrauchen oder ihre Aufgabe nicht richtig erfüllen, dann fällt es uns leicht, unseren Respekt ihnen gegenüber zu verlieren und ihnen den Gehorsam zu verweigern. Aber Rebellion bekommt niemals mildernde Umstände, denn hinter der Rebellion steht der Geist des Antichristen.

Rebellion – mit ihren Wurzeln in der Ablehnung – bringt einen dämonischen Baum hervor, dessen Zweige Eigenwille, Unabhängigkeit, Dickköpfigkeit, Trotz, Selbstsucht und Stolz sind.

Nach außen hin tritt Rebellion auf vielfältige Weise in Erscheinung. Die Hippies zum Beispiel demonstrierten ihre Rebellion teilweise dadurch, daß sie sich die Haare lang wachsen ließen und sich weigerten, ihren Körper zu baden. Rebellion wurde auch durch Drogenmißbrauch (besonders durch Rauchen von Marijuana) zum Ausdruck gebracht, oder auch durch Alkoholmißbrauch und durch schamlose Akte der Unzucht. Die Ehe wurde als Gottes Einrichtung geleugnet und lächerlich gemacht, indem Hippie-Jungen und -Mädchen in »Wohngemeinschaften« »zusammenzogen«.

Die Hippiekultur ist ein klares Beispiel der Rebellion, aber Rebellion beschränkt sich keinesfalls nur auf Hippies. Man findet sie überall in den Herzen von Menschen von den höchsten Stellungen in der sozialen Skala bis zu den niedrigsten. Wir müssen verstehen, daß Rebellion eine abscheuliche Sünde in den Augen Gottes ist. Samuel sagte zu dem ungehorsamen König Saul: *»Rebellion ist wie die Sünde der Zauberei« (1.Sam 15,23).* Rebellion ist eine Sünde, die in einem direkten Zusammenhang zu dem Satan selbst steht, sie wurde von Luzifer in die Welt gesetzt, als er versuchte, den Thron Gottes an sich zu reißen *(siehe Jes 14,12-15).*

Bitterkeit

»Jagt dem Frieden mit allen nach und der Heiligung, ohne die niemand den Herrn schauen wird; und achtet darauf, daß nicht jemand an der Gnade Gottes Mangel leide, daß nicht irgendeine Wurzel der Bitterkeit entsprösse und (euch) beunruhige und die vielen durch diese verunreinigt werden« (Hebr 12,14.15).

Bitterkeit ist die üble Frucht, die aus der Unwilligkeit entsteht, dem anderen seine Taten zu vergeben, durch die er an uns schuldig geworden ist. Die Weigerung zu vergeben kann vor Gott kein Alibi vorbringen. Es hat keine Entschuldigung. Darüber hinaus bringt sie einen Fluch mit sich. Jesus lehrte, daß jeder, der ihn wegen seiner unübersehbaren Sündenschuld um Vergebung gebeten hat, sich aber weigert, einem anderen eine geringfügige Vergehung zu vegeben, den »Peinigern« übergeben wird *(siehe Mt 18,21-35).* Die Peiniger sind dämonische Geister, und es ist ein Fluch, unter der Macht von bösen Geistern zu sein. Der einzige Weg, wie man diesem Fluch entfliehen kann, ist Gott um Vergebung zu bitten und allen zu vergeben, die dafür infrage kommen.

Bitterkeit und Groll bringen Strafe für beide: den, der nicht vergeben will, und den, der Vergebung braucht. Denn: *»Wenn ihr jemandem die Sünden vergebt, dem sind sie vergeben, wenn ihr sie jemandem behaltet, sind sie (ihm) behalten« (Joh 20, 23).* Wenn der Zustand des Nicht-vergeben-Wollens bestehen bleibt, werden zwei Personen in eine böse Sklaverei verstrickt. Die Person, der nicht vergeben wird, wird unfreiwillig in einer zerbrochenen Beziehung festgehalten, und derjenige, der nicht vergibt, wird gepeinigt.

Da die Wurzel der Bitterkeit durch die wiederholte Ablehnung und den daraus resultierenden Schmerz immer wieder »gedüngt« wird, wächst und erstarkt sie und produziert schließlich Zorn, Haß, Vergeltung, Gewalt und Mord. Ein Geist des ständigen Zurückrufens (des erlittenen Unrechts) ins Gedächtnis ist ein Begleiter des Geistes der Bitterkeit und hält die schmerzlichen Erinnerungen der Verletzungen in der Vergangenheit stets frisch, dadurch, daß er die peinvollen Begebenheiten dauernd vor dem inneren Auge des Betreffenden ablaufen läßt.

Unser Garten wird von einer bestimmten Sorte Unkraut heimgesucht. Wenn es zuerst aufsprießt, sieht es ganz klein und zart aus und kann mit Fingerspitzen ausgerauft werden. Aber es wächst unglaublich schnell und wird innerhalb weniger Tage größer als eine ausgewachsene Maispflanze. Seine Wurzel ist dick und stark geworden und hat sich tief in der Erde verwurzelt. Seine winzigen Samen kommen in ungeheuerlichen Mengen. Ein Gärtner weiß, daß er dieses Unkraut radikal vernichten muß, sobald es in seinem Garten auftaucht.

Jeder von uns ist ein geistlicher Gärtner, und hat sich das Ziel gesetzt, die Frucht des Geistes hervorzubringen – Liebe, Freude, Frieden, Langmut, Freundlichkeit, Güte, Treue, Sanftmut und Enthaltsamkeit *(siehe Gal 5,*

22.23; 6,8.9). Bitterkeit ist wie dieses Unkraut, das unseren Garten überwuchern würde. Je schneller man gegen die Bitterkeit vorgeht, desto leichter ist sie zu vernichten. Deshalb: *»Achtet sorgfältig darauf... daß nicht irgendeine Wurzel der Bitterkeit aufsprösse und euch beunruhige und die vielen durch diese verunreinigt werden« (Hebr 12,15).*

Selbstmitleid

Selbstmitleid ist eine nach innen gerichtete Reaktion auf Ablehnung. Es ist eine Form von Selbstquälerei, wobei man sich gestattet, so lange bei dem Nachsinnen über das unfaire Verhalten der anderen zu verweilen, bis man durch und durch unglücklich ist. Diese Praktik ist ein sicherer Weg, den Frieden und die Freude – zwei kostbare Früchte des Geistes – zu zerstören.

Flucht vor der Realität

David hat seinen Wunsch, seinen Feinden, die ihn bedrängten, zu entfliehen, auf folgende Weise zum Ausdruck gebracht: *»Hätte ich doch Flügel wie die Taube, ich wollte wegfliegen und ruhen« (Psalm 55,7)*. Die meisten von uns kennen dieses Gefühl sehr gut: »Ich möchte nur weg aus dieser ganzen Situation!« Wenn die Lebensumstände unangenehm werden, ist die Versuchung groß, einfach wegzurennen. Verletzte Menschen werden oft zu regelrechten Realitätsflucht-Experten, die geschickt Wege erfinden, den Unannehmlichkeiten des Lebens zu entfliehen.

Eine häufig vorkommende Art der Realitätsflucht sind Tagträume, wobei eine Person ihre eigene, angenehme Welt in ihrer Phantasie schafft und darin lebt. Ein solcher Mensch verschließt seinen Verstand vor Streßsituationen und zieht sich aus der Realität in eine Scheinwelt zurück. Er kann auch Kino- und Fernsehfilme oder Romane als Hilfe für seine Flucht aus der Realität benutzen.

Ein weiterer Fluchtweg ist Schlaf. Solange man, unter der Bettdecke versteckt, im Bett bleibt, braucht man sich nicht der Verantwortung und den unangenehmen Anforderungen des Tages zu stellen. Deshalb kann Schlaf zu einer Sucht, sogar zu einem Zwang werden, indem man auf diese Weise vergeblich versucht, den Problemen des Lebens zu entrinnen. Drogen und Alkohol können dazu benutzt werden, die Sinne so zu »bombardieren«, daß sie nicht mehr in der Lage sind, sich auf die unangenehmen Gedanken zu konzentrieren. Beruhigungsmittel und Elektroschocktherapie werden von der professionellen Seite her angewandt, um psychisch erkrankten Patienten einen Fluchtweg aus der Realität anzubieten. Diese medizinischen Maßnahmen bringen keine Heilung und fügen oft noch größere Probleme zu den bereits bestehenden hinzu. Gott hat etwas Besseres für uns.

Schuldgefühle

Schuld ist die allerunnötigste Bürde überhaupt, die ein Mensch tragen kann. Der ganze Zweck des Erlösungswerkes Gottes in Jesus Christus war: uns von der Sünde und deren Konsequenzen zu befreien. Schuld ist die Hauptkonsequenz der Sünde. Unter dem mosaischen Gesetz gab es keine Befreiung von Schuld *(siehe Hebr 9, 9.10)*. Aber unter dem Neuen Bund gilt es: *»Jetzt gibt es keine Verdammnis mehr für Menschen, die in Christus Jesus sind, die nicht nach der Weise des Fleisches (Erfüllung des Gesetzes) leben, sondern nach der Weise des Geistes« (Röm 8,1; frei übersetzt).* Wenn einer gesündigt hat, gibt es Abhilfe. Wenn der Betreffende seine Sünde bekennt und sich im Glauben an den Herrn Jesus Christus wendet, entfernt das Blut Jesu die Sünde und die sich daraus ergebende Verdammnis.

»Denn wenn das Blut von Böcken und Stieren und die Asche einer jungen Kuh, auf die Unreinen gesprengt, zur Reinheit des Fleisches reinigt, wieviel mehr wird das

Blut des Christus, der sich selbst durch den ewigen Geist (als Opfer) ohne Fehler Gott dargebracht hat, euer Gewissen reinigen von toten Werken, damit ihr dem lebendigen Gott dient« (Hebr 9,14).

Manche Menschen haben Schuldgefühle, obwohl sie nicht gesündigt haben. Diese bedauernswerten Seelen blicken nicht durch den schlauen Plan Satans durch, Menschen mit unbegründeten Schuldgefühlen zu quälen, und sie geben unnötigerweise sich selbst die Schuld für die böse Dinge, die andere ihnen antun. Sie argumentieren wie folgt: »Ich habe es verdient, daß man mich so behandelt. Ich bin an meinem Unglück selber schuld. Die Nöte, die ich durchmachen muß, sind das Gericht Gottes.« In den meisten Fällen resultiert diese negative Haltung gegen sich selbst daraus, daß die Person von anderen – gewöhnlich von der eigenen Familie – kritisiert, beschuldigt und lächerlich gemacht wurde. Welch eine höllische Bürde ist es, zu denken, daß alle Nöte, durch die man gehen muß, selbstverschuldet, wohlverdient und ausweglos sind!

Eine sehr häufig vorkommende Praktik ist, daß man seine Schuld jemand anderem zuschiebt. Als Gott Adam mit dessen Sünde konfrontierte, meinte Adam: *»Die Frau, die du mir zur Seite gegeben hast, sie gab mir von dem Baum, und ich aß« (1.Mose 3,12).* Auf diese Weise transferierte Adam seine Schuld auf Gott und auf Eva. Als Gott dann Eva zur Rede stellte, gab sie ihrerseits die Schuld weiter und sagte: *»Die Schlange hat mich getäuscht, da aß ich.«* Auch sie weigerte sich, die Verantwortung für ihre Sünde zu übernehmen und argumentierte, daß der Teufel sie ja dazu gebracht habe. Aber Gott sagt in seinem Wort, daß jeder von uns für seine eigenen Sünden verantwortlich sei:

»Niemand sage, wenn er versucht wird: Ich werde von Gott versucht. Denn Gott kann nicht versucht werden vom Bösen, er selbst aber versucht niemand. Ein jeder

aber wird versucht, wenn er von seiner eigenen Lust fortgezogen und gelockt wird« (Jak 1,13.14).

Schuld ist tatsächlich eine schwere und unnötige Last. Ist sie durch die Torheit des Menschen selbst zustande gekommen, dann soll sich der Sünder in die rote Flut eintauchen, die aus den Adern Immanuels geflossen ist, damit er weiß wie Schnee gewaschen wird. Hat einer die Sünde anderer auf sich genommen, dann soll er diese Bürde ablegen. Gott legt den Menschen die Bürde der Fürbitte auf, aber niemals die Bürde der Schuld. Wenn jemand fälschlicherweise wegen der Sünden anderer beschuldigt wird, dann soll er in der Gerechtigkeit Gottes ruhen: *»Also wird nun jeder von uns für sich selbst Gott Rechenschaft geben. Er steht oder fällt dem eigenen Herrn« (Röm 14,12.4).*

Minderwertigkeitsgefühle

Minderwertigkeitsgefühle stehen in enger Beziehung zur Ablehnung. Jemand, der von anderen abgelehnt und geringschätzig behandelt wird, neigt dazu, sich selbst geringschätzig zu behandeln. Wenn er sich mit anderen vergleicht, stuft er sich als minderwertig ein. Wenn er eine Bestandsaufnahme seiner Fähigkeiten macht, beurteilt er sich selbst als unzulänglich.

Gott betrachtet keinen Menschen als minderwertig. Er hat jedem von uns unsere Fähigkeiten und unsere Verantwortung gegeben. Das Gleichnis von den anvertrauten Talenten lehrt uns, daß Gott manchen Menschen mehr Verantwortung gibt, als anderen. Alles, was er von uns erwartet, ist treue Verwaltung dessen, was uns anvertraut wurde.

Unsicherheit und die damit verbundenen Ängste

Geliebt-Werden gibt uns das Gefühl der Sicherheit. Wenn unser irdischer Vater uns liebt, dann vermittelt er uns damit das Verständnis für die Liebe unseres himmlischen Vaters, und es fällt uns leicht zu glauben, daß

Gott uns liebt. Ein Mensch, der ohne jeden Zweifel weiß, daß Gott ihn liebt, wird eine Stabilität in seinem Leben haben. Er wird mit Paulus erklären: *»Wenn Gott für uns ist, wer kann dann gegen uns sein?« (Röm 8, 31).* Wenn hingegen eine Person von denen, die sie lieben sollten, nicht geliebt wird, wird sie dazu neigen, auch Gottes Liebe anzuzweifeln. Die daraus resultierende Unsicherheit produziert Angst. Was wird aus mir werden? Und da die »Furcht Pein hat«, wird die abgelehnte Person gepeinigt *(1.Joh 4,18).* Sie macht sich über alles Sorgen, angefangen bei den Finanzen bis hin zu der Frage, ob Gott es wirklich gut mit ihr meint.

Unsere Sicherheit gründet sich auf die Liebe Gottes. Wenn wir fest darauf vertrauen, daß Gott uns liebt, hat die Furcht keinen Platz mehr und wird hinausgeworfen.

»Furcht ist nicht in der Liebe, sondern die vollkommene Liebe treibt die Furcht aus, denn die Furcht hat Pein. Wer sich aber fürchtet, ist nicht vollendet in der Liebe« (1.Joh 4,18).

Hoffnungslosigkeit

Ein Mensch, der nicht mehr damit rechnet, daß er von jemand geliebt wird, gleicht einem Wanderer, der sich in einer riesigen Wüste verirrt hat. Meilenweit in jeder Richtung nichts als glühend heißer Sand. Seine Zunge ist vor Durst geschwollen. Er taumelt, fällt hin, bleibt im Sand liegen und wartet auf seinen Tod. Er ist im äußersten Sinne des Wortes hoffnungslos.

Einer, der durch Ablehnung verwundet worden ist, findet keine Erfrischung. Er beginnt innerlich auszutrocknen. Seine Hoffnungslosigkeit führt nach und nach zu Entmutigung, Verzweiflung, Niedergeschlagenheit, dem Gefühl der Vernichtung und zur Depression. Ohne Hoffnung gibt es keine Freude, und ohne Freude gibt es keinen Wunsch, weiter zu leben. Die innere Übereinstimmung mit dem Tod ist eine Straße, die zur tiefen

Schwermut oder auch möglicherweise sogar zum Selbstmord führt.

Wenn der Hoffnungslose Liebe findet, findet er Hoffnung. Beziehungen, in denen Liebe gegeben und empfangen wird, sind wie Quellen lebendigen Wassers. Dies trifft besonders auf unsere Beziehung zu Jesus zu, der gesagt hat: *»Wenn jemand dürstet, so komme er zu mir und trinke« (Joh 7,37)*. Einer, der eine persönliche Beziehung zu Jesus hat, bekommt in seinem Inneren eine Quelle lebendigen Wassers. Jesus erklärte der samaritischen Frau: *»Wer von dem Wasser trinken wird, das ich ihm geben werde, den wird nicht dürsten in Ewigkeit; sondern das Wasser, das ich ihm geben werde, wird in ihm eine Quelle Wassers werden, das ins ewige Leben quillt« (Joh 4,14).*

Wenn wir einem anderen Menschen Liebe geben, reichen wir ihm damit »einen Becher kalten Wassers« im Namen Jesu. Der Hoffnungslose wird durch unsere Liebe erfrischt. Andererseits, jemand, der erfrischende Liebe von anderen braucht, darf nicht tatenlos da sitzen und warten, daß andere die Initiative ergreifen. Solche, die von Hoffnungslosigkeit gequält werden und sich danach sehnen, geliebt zu werden, müssen anfangen, ihre eigene Liebe großzügig anderen zu erweisen. Christi Lehre vom Geben und Empfangen bezieht sich in gleicher Weise auf Liebe wie auf materielle Dinge.

»Gebt, und es wird euch gegeben werden: ein gutes, gedrücktes, gerütteltes und überlaufendes Maß wird man in euren Schoß geben; denn mit demselben Maß, mit dem ihr meßt, wird euch wieder gemessen werden« (Lk 6,38).

Abwehrhaltung und Empfindlichkeit

Wenn dein Hund eine Verletzung hat, tust du gut daran, ihn nur mit großer Vorsicht zu berühren, weil er dich beißen könnte. Verletzte Menschen »beißen« manchmal auch *(siehe Gal 5,15)*. Menschen mit inneren Wunden können überempfindlich sein und gegen jede

Art von Berührung ausschlagen. Sie tendieren dazu, nicht nur auf Böses, sondern auch auf Gutes mit Bösem zu reagieren.

Abwehrhaltung drückt sich darin aus, daß man andere kritisiert und verurteilt. Der Richtgeist nimmt die Stellung ein: Alle, die einen verletzt oder verurteilt haben, werden für schuldig erklärt. Richtgeist soll als eine Abwehr- und Schutzmaßnahme dienen, aber anstatt die gewünschte Sicherheit zu produzieren, bringt die verurteilende Haltung die anderen lediglich dazu, mit Gegenanklagen zu reagieren.

»Richtet nicht, damit ihr nicht gerichtet werdet. Denn mit welchem Gericht ihr richtet, werdet ihr gerichtet werden, und mit welchem Maß ihr meßt, wird euch zugemessen werden« (Mt 7,2).

Richtgeist macht einen blind für eigene Fehler. Man fällt dem Selbstbetrug zum Opfer und kann nur noch die Fehler der anderen sehen. Dies bringt uns zu der Lehre Jesu von dem Splitter und dem Balken. Wir müssen zuerst den Balken aus unserem eigenen Auge entfernen, bevor wir klar genug sehen können, um in der Lage zu sein, den Splitter aus dem Auge unseres Bruders zu entfernen.

Auch neigen die Menschen, die den Richtgeist haben, dazu, ihre Fehler in andere hineinzuprojezieren. Ein Mitglied meiner Gemeinde beschuldigte mich wiederholt, die Leute unserer Gemeinschaft nicht richtig zu lieben. Seine Anschuldigungen veranlaßten mich zu einer Selbstprüfung, und ich versuchte festzustellen, was ich gesagt oder getan haben könnte, um den Eindruck zu vermitteln, daß es mir an Liebe mangelt. Schließlich ging es mir auf, daß derjenige, der mich anklagte, selbst andere nicht liebte. Anstatt das Problem bei sich selbst zu sehen, hat er es in mich hineinprojiziert. Später stellte ich fest, daß die Schuldübertragung eine sehr häufig vorkommende Form des Selbstbetrugs bei denen ist, die unter Verletzungen der Ablehnung leiden.

Wenn gegen uns erneut gesündigt wird, dann ist es nicht unsere Verantwortung, unsere Rechte zu verteidigen und uns selbst zu rechtfertigen. Jesus sagt:

»Ihr habt gehört, daß gesagt ist: Auge um Auge und Zahn um Zahn. Ich aber sage euch: Widersteht nicht dem Bösen, sondern wenn jemand dich auf deine rechte Backe schlagen wird, dem biete auch die andere dar« (Mt 5,38.39).

Wir brauchen auch die anderen nicht schlecht zu machen, um uns selbst aufzuwerten. Gott selbst ist unsere Verteidigung! Deshalb: *»Laß dich nicht vom Bösen überwinden, sondern überwinde das Böse mit dem Guten« (Röm 12,21).*

Mißtrauen und Mißachtung

Vertrauen ist eine Brücke, die einen Menschen mit einem anderen verbindet. Aber wie kann man jemand vertrauen und respektieren, der einen durch Ablehnung, Betrug, Verlassen oder Untreue verletzt hat? Wenn das Vertrauen zerstört ist, ist auch die Beziehung zerstört. Vertrauen kann wieder aufgebaut werden, wenn auch nur mit viel Mühe und Behutsamkeit. Dazu sind viel Zeit, Geduld und Beharrlichkeit nötig.

Nehmen wir als ein anschauliches Beispiel des zerstörten Vertrauens die Notlage einer Tochter, die von Kind an von ihrem Vater abgelehnt wird. Er nimmt sich keine Zeit, um mit ihr zu spielen, außerdem trinkt er viel und ist unflätig. Wenn dieses kleine Mädchen erwachsen wird, ist es mehr als wahrscheinlich, daß sie Männern im allgemeinen gegenüber Mißtrauen und Verachtung entgegenbringen wird. Ganz gleich, ob es sich um ihren Ehemann, ihren Pastor oder einen beliebigen anderen Mann handelt, werden ihre inneren Ängste ihr die Botschaft vermitteln, daß alle Männer Frauen weh tun und man ihnen nicht trauen kann. Die Qual des Mißtrauens und der Mißachtung muß mit der Wurzel entfernt und durch das Vertrauen auf Gott überwunden werden. In dem Maße, wie man in der Liebe Gottes Geborgenheit findet, wird man in der Lage sein, die Ungerechtigkeiten, die andere einem zufügen zu ertragen, ohne nachteilige Auswirkungen zu erleiden.

Mißtrauen und Mißachtung haben vor Gott keinen Platz. Sie werden nicht entschuldigt oder gerechtfertigt. Die Bibel gebietet dem Kind, seinen Vater und seine Mutter zu ehren und der Frau, ihrem Mann Achtung entgegenzubringen *(siehe Eph 5,33; 6,2)*. Für solche, die sich unter der Autorität von Eltern oder der eines Ehemannes befinden, kommt es natürlich, daß sie sich denen gern unterordnen, die freundlich, verständnisvoll, hilfsbereit und selbstlos sind. Es ist wesentlich schwerer, aber dennoch nicht unmöglich, sich einer Autorität unterzuordnen, nur weil Gott es so haben will. Doch jemand, der in der Unterordnung bleibt, auch wenn er Ungerechtigkeiten erleiden muß, findet das Wohlgefallen Gottes.

»Wenn ihr aber ausharrt, indem ihr Gutes tut und leidet, das ist Gnade bei Gott« (1. Petr 2,20).

Härte

Gott schuf Schildkröten mit einem Schutzpanzer, aber er gab keine Schutzpanzer den Menschen. Wenn eine Person seinen eigenen Schutzpanzer formt, dann entwickelt sie nach und nach eine »Schildkröten-Persönlichkeit« und wird hart und undurchdringlich. Ein solcher Mensch sagt zu sich selbst: »Ich habe nicht die Absicht, mich von anderen Leuten noch länger überfahren und verletzen zu lassen. Ich bin hart und zäh. Ich werde niemand an mich heran lassen.« Er baut also eine harte Schale um sich herum und verhält sich wie eine um sich schnappende Schildkröte.

Wenn andere Menschen uns irgendwelchen Schaden zuzufügen versuchen, vergessen wir leicht, daß Gott unsere Zuflucht und Stärke, unser Fels und unsere Festung ist. Wir errichten statt dessen eine feste Mauer um uns und ziehen uns hinter unsere selbst konstruierten Abwehrmechanismen zurück. Das Problem mit unserer Härte ist, daß sie uns der Barmherzigkeit beraubt. Auf diese Weise werden wir daran gehindert, unseren Dienst an unseren Mitmenschen zu erfüllen.

»Endlich seid aber gleichgesinnt, mitleidig, (voll) brüderlicher Liebe, barmherzig, demütig« (1.Petr 3,8).

Wir fassen zusammen

Wir haben uns die am häufigsten vorkommenden Reaktionen auf Ablehnung angesehen. Jede dieser Reaktionen stellt ein Ausbrechen aus dem Willen Gottes dar und ist Sünde. Sünde öffnet Türen, die Dämonen als eine Einladung einzutreten benutzen. Der Teufel lauert an der Tür der Sünde und wartet, daß sie sich öffnet, damit er hinein springen und die Beute fressen kann.

Als Kain sich über Gottes Weigerung ärgerte, sein blutloses Opfer anzunehmen, wurde sein Herz mit Haß und Eifersucht gegen Abel erfüllt. Sofort warnte Gott ihn:

»Warum ärgerst du dich? Und warum machst du ein so finsteres Gesicht? Wenn du richtig handelst, wirst du da nicht akzeptiert? Aber wenn du nicht richtig handelst, dann lauert die Sünde vor deiner Tür. Sie will dich fressen und leckt sich schon gierig das Maul. Herrsche über sie!« (1.Mose 4,6.7; frei übersetzt).

Es gibt positive, biblische Lösungen für alle unsere Verletzungen und Frustrationen. Wir müssen lernen, wie man auf erlittenes Unrecht nicht mit Sünde reagiert. Statt dessen müssen wir so leben, wie das Wort Gottes es uns sagt.

Kapitel 4
Anpassungstechniken des Verletzten

Sind infolge der Ablehnung seelische Verletzungen vorhanden, dann müssen von seiten des Betroffenen Anstrengungen unternommen werden, um den inneren Schmerz zu lindern und Wege zu finden, den Liebesbedarf zu befriedigen. Er versucht, sich dem Zustand des Verletztseins anzupassen und für seine Schmerzen zu kompensieren. Die folgenden Abschnitte erläutern die Methoden, die von Menschen gewöhnlich benutzt werden, um das Leben mit den Wunden der Ablehnung erträglicher zu machen.

Perfektionismus

»Wie kann ich Liebe bekommen? Ich kann doch die anderen nicht zwingen, mich zu lieben. Wenn ich es nur fertigbringe, ein bißchen Anerkennung von den anderen Menschen zu bekommen, dann wird es wie Liebe aussehen, und ich werde mich angenommen fühlen.« So argumentiert manch eine verletzte Person.

Menschen, die das Gefühl haben, daß keiner sie akzeptiert und sie gut findet, tendieren dazu, Perfektionisten zu werden. Ihre Hoffnung geht dahin, daß wenn sie etwas absolut perfekt machen, andere sagen werden: »Du bist wunderbar. Wie hast du das nur gemacht? Ich wünschte, ich könnte es auch so gut machen.«

Meine eigenen Kämpfe mit Ablehnung haben mich dahin gebracht, ein Perfektionist zu werden. Es ist ein völlig unrealistisches Ziel, in allen Dingen perfekt sein zu wollen. Man ist also gezwungen, sich auf bestimmte

Dinge zu spezialisieren. Ich spezialisierte mich darauf, alles absolut perfekt zu planen und diese Pläne mit absoluter Präzision auszuführen.

Aber Perfektionismus ist ein strenger Zuchtmeister. Der Mensch muß sich selbst erbarmungslos treiben, um die Ziele, die er sich gesteckt hat, zu erfüllen. Es kann vorkommen, daß er seinen Schlaf verliert oder sich körperlich übernimmt, aber kein Preis für Anerkennung scheint zu hoch zu sein.

Um meinen Tagesplan perfekt zu planen, pflegte ich eine Stunde früher aufzustehen und meinen ganzen Tagesablauf zu durchdenken. Ich beschloß, was genau ich tun würde und fügte es in den Zeitplan ein. Theoretisch müßte ich am Ende des Tages auf einen perfekten Tag zurückblicken können. Wenn alles nach meinen Plänen verlief, fühlte ich mich stolz und dachte: »Niemand kann einen Tag so gut planen wie ich!« Aber unglücklicherweise gab es immer wieder viele Unterbrechungen und unvorhergesehene Komplikationen, die ich in meinen Plänen nicht berücksichtigt hatte. Wenn meine Pläne schiefgingen, war ich frustriert und wurde ungeduldig und intolerant gegen mich selbst und jeden, dem man die Schuld für den Fehlschlag anlasten konnte. Schon eine geringfügige Störung meiner Pläne konnte bei mir einen Wutausbruch entfesseln.

Als ich Pastor wurde, plante ich meine Tage mit allerhöchster Sorgfalt. Meine tägliche Routine enthielt alle anfallenden Details, aber ich veranschlagte keine Zeit für unerwartete Notfälle in der Gemeinde, die meine Anwesenheit erfordern würden. Wenn beispielsweise ein Gemeindeglied plötzlich operiert werden mußte und ins Krankenhaus kam, empfand ich dies als eine ungerechtfertigte Unterbrechung meines perfekten Tagesprogramms. Es machte einfach meinen Tag kaputt, wenn einer es sich leistete, krank zu werden! Das Einhalten meines perfekten Planes war mir wichtiger geworden, als das Leben der Menschen, die Gott mir anvertraut hatte.

Perfektionismus macht nicht nur einen selbst zum Sklaven, sondern auch andere Menschen, weil der Perfektionist es erwartet, daß alle um ihn herum ihre Arbeit mit gleicher Präzision und Hingabe verrichten. Wenn diese Forderung an den eigenen Ehepartner gestellt wird (so wie es in meinem Fall war), kommt eine Spannung in die Ehe.

Ein Beispiel des Perfektionismus in Person ist die sogenannte »perfekte Hausfrau«. Selbst wenn man ihr Haus um 9 Uhr morgens betritt, wird man vorfinden, daß das Geschirr gespült, Teppiche gesaugt und Betten gemacht sind. Alles ist zu jeder Zeit sauber und aufgeräumt. Sie kann nicht einmal den Abfall in ihrem Abfalleimer ertragen. Wenn man ihr wegen ihrer Leistungen Komplimente macht, ist sie voller Stolz. Wenn eine unerwartete Änderung in dem Zeitplan es ihr unmöglich macht, ihre perfektionistischen Ziele zu erreichen, ist sie irritiert und frustriert.

Es ist durchaus lobenswert, sauber und ordentlich zu sein. Aber Perfektionismus ist eine Fessel. Der Perfektionist muß seinen Körper ständig überbeanspruchen, damit er mit seinen unrealistischen Leistungszielen Schritt halten kann. Er hat die Vorstellung, daß perfekte Leistung der Schlüssel dazu sei, akzeptiert zu werden. Der Teufel belegt einen Menschen mit schweren Lasten, wo er nur kann, aber Jesus sagt: *»Mein Joch ist sanft, und meine Last ist leicht« (Mt 11,30).*

Falsches Mitleid und falsche Verantwortung

Ein Mensch, der sich nicht geliebt fühlt, fragt sich: »Gibt es denn wirklich niemand, den ich lieben kann?« Er kann eine so verzweifelte Sehnsucht nach einer menschlichen Beziehung bekommen, daß er versucht wird, sich auf eine Beziehung einzulassen, die Gefahren in sich birgt. Ein gläubiger Mann zum Beispiel kann sich einer Frau nähern, die in sexuelle Promiskuität gefallen ist. Er redet sich selbst ein, Gott habe ihn berufen, ihr Retter zu sein. Er empfindet Mitleid für sie und möchte ihr helfen und ihr Jesus bezeugen, doch sein Mitleid ist falsch. In Wirklichkeit sucht er danach, sein eigenes Liebesbedürfnis zu erfüllen. Die Versuchung, der er sich aussetzt, ist zu stark für ihn, und er fällt in sexuelle Sünde.

Viele Ehen befinden sich von Anfang an auf dem Kollisionskurs, weil sie sich auf das falsche Mitleid und falsche Verantwortung gründen. Ein weiteres Beispiel: Eine unbescholtene, gläubige Frau entschließt sich, mit einem Mann, der sich wirklich in den Tiefen der Sünde befindet, eine Beziehung einzugehen. Sie glaubt allen Ernstes, daß wenn sie ihm nicht hilft, niemand anderes es tun wird und daß Gott sie für seine Verdammnis zur Verantwortung ziehen wird. Aber Gott erwartet gar nicht von ihr, daß sie eine solche Verantwortung übernimmt. Durch den Betrug in ihrer Phantasie hat sie sich selbst eingeredet, daß sie ein Werkzeug ist, das diesen Sünder in einen Engel verwandeln wird. Sie heiratet ihn, aber in neun von zehn Fällen wird sie schlußendlich entweder seine Lebensweise übernehmen, oder ein Leben voller Schmerzen und Herzeleid führen.

»Gott aber ist treu, der nicht zulassen wird, daß ihr über euer Vermögen versucht werdet, sondern mit der Versuchung auch den Ausgang schaffen wird, so daß ihr sie ertragen könnt« (1.Kor 10,13).

Um solchen Komplikationen zu entgehen, sollte man Beziehungen meiden, die sich auf falsches Mitleid und falsche Verantwortung gründen.

Eine weitere Erscheinungsform von falschem Mitleid stellt sich in einer übertriebenen Zuneigung zu Tieren dar. Haustiere bringen nur selten ihren Besitzern Ablehnung entgegen. Ein Mann kann einen schlechten Tag bei seiner Arbeitsstelle haben und alle seine Freunde können gegen ihn sein, aber wenn er abends nach Hause kommt, hat sein Hund ihn immer noch lieb. Er wird ihn mit freudigem Bellen begrüßen, an ihm hochspringen, mit dem Schwanz wedeln, seine Hand lecken und sich auf dem Boden rollen. All dieses Getue will nur eines besagen: »Ich liebe dich! Ich bin froh, daß du wieder zu Hause bist!«

Es ist nicht falsch, Haustiere zu halten, aber es ist falsch, wenn wir davon abhängig werden, daß sie uns Liebe und Gemeinschaft geben. Gott brachte die Tiere, die er geschaffen hatte, zu Adam, und Adam gab jedem von ihnen einen Namen. *»Aber«*, heißt es dann, *»für Adam war kein passender Gefährte dabei.« (Lies in 1.Mose 2,20 nach)*. Kein Tier auf der ganzen Erde konnte Adams Bedürfnis nach Gemeinschaft erfüllen.

Wie kann jemand feststellen, ob sein Verhältnis zu Tieren gesund ist oder nicht? Er sollte sich folgende Fragen stellen:

1. Vermenschlicht er sein Haustier? Behandelt er es, als wäre es ein Mensch, ein Familienmitglied? Manche Tierbesitzer gehen so weit, daß sie ihr Tierchen als »ihr Baby« bezeichnen und seinen Namen auf Weihnachtskarten und anderen persönlichen Grußkarten mit anführen.

2. Stellt er sich auf ein Niveau, das unter dem menschlichen Niveau liegt, damit er mit seinem Tier auf dessen Stufe umgehen kann? Manch ein Tierliebhaber hat durch sein Bestreben, sich mit seinem Tier zu verständigen, Tierpersönlichkeit angenommen. Wir haben nicht selten erlebt, daß bei der Befreiung dieser Menschen sich Verhaltensweisen der Tiere manifestierten. Die Dämonen haben Menschen mit übertriebener Tierliebe dazu getrieben wie Hunde zu bellen, wie Katzen zu fauchen und wie Pferde zu wiehern. Ein weiterer Prüfstein für eine unausgewogene Tierliebe ist die Werteinschätzung eines Tierlebens gegenüber einem Menschenleben. Solche, die von Menschen abgelehnt, von Tieren aber akzeptiert wurden, sind eher bereit, einen Men-

schen verletzt oder getötet, als ein Tier leiden zu sehen. Ich habe auch festgestellt, daß Menschen mit übertriebener Tierliebe sehr aggressiv werden und ihre Beziehung zu ihren Tieren heftig verteidigen, wenn man daran rührt. Sie sehen ihre Sicherheit, die sie aus der Liebe ihres Tieres beziehen, bedroht, wenn man darauf hinweist, sie müßten ihre Prioritäten ändern.

Lust an materiellen Dingen

Wenn keine Liebe da ist, entsteht im Leben eines Menschen ein großes Vakuum. Dieses Vakuum wird bald mit irgend etwas gefüllt werden. Satan ist stets bei der Hand, um seine Ersatzlösungen für Liebe anzubieten. Und da er keine Liebe anzubieten hat, hält er einem Lust entgegen. Seine Vorschläge zur Behebung der inneren Leere, die durch den Mangel an Liebe entsteht, sind Lust an der Macht, Lust an Anerkennung, Geld, Sex, und dgl. Liebe gibt innere Erfüllung, aber die Lust läßt einen stets unbefriedigt. Sie läßt immer eine innere Leere und eine noch tiefer gehende Verletzung zurück.

»Danach, wenn die Lust empfangen hat, gebiert sie Sünde, die Sünde aber, wenn sie vollendet ist, gebiert den Tod« (Jak 1,15).

Allem Anschein nach erfährt der Mensch eine gewisse Art von Trost, wenn er Ferienhäuser kauft, sich extravagante Autos, Pelzmäntel, teure Sportausrüstungen anschafft und sich luxuriöse Ferien leisten kann. Aber seine innere Leere bleibt. Denn die Lust nach materiellen Dingen kann niemals durch Gegenstände befriedigt werden, die man sich beschafft. Die Lust hungert immer nach mehr.

Lust ist ein krankhafter Zustand im Herzen. Auch dann, wenn man nicht dauernd sich neue Dinge kauft, kann man unter der Kontrolle der Lust stehen. Manche Menschen leben in Armut und besitzen nur sehr wenig, werden aber dennoch von der Lust beherrscht. Ihr Inneres befindet sich in einem ständigen Aufruhr.

»Woher (kommen) Kriege und woher Streitigkeiten unter euch? Nicht daher: Aus euren Lüsten, die in euren Gliedern streiten? Ihr begehrt und habt nichts; ihr tötet und neidet und könnt nichts erlangen; ihr streitet und führt Krieg. Ihr habt nichts, weil ihr nicht bittet; ihr bittet und empfangt nichts, weil ihr übel bittet, um es in euren Lüsten zu vergeuden« (Jak 4,1-3).

Materielle Dinge können niemals Liebe ersetzen. Noch kann alles Geld dieser Welt, oder daß, was Geld kaufen kann, das Bedürfnis eines Menschen nach Liebe erfüllen. Die Welt versucht mit viel Enthusiasmus ihre Waren an den Mann zu bringen und möchte uns gern glauben machen, daß »Dinge« Befriedigung verschaffen. Mose hat uns ein Beispiel gegeben, als er sich für den Weg Gottes entschied und den Weg der Welt verließ. Er hatte die Weisheit, zu erkennen, daß die Freuden dieser Welt nur sehr kurzlebig sind, aber die Tatsache, daß man Gott dient, einen ewigen Lohn mit sich bringt. *(Lies in Hebr 11,24-26 nach.)*

Sexuelle Lust

Nur sehr wenige Menschen scheinen der satanischen Falle der sexuellen Sünde zu entrinnen. Wie kommt es, daß selbst unter Christen, denen doch die Richtlinien Gottes für moralisches Verhalten beigebracht worden sind, sexuelle Sünden so weit verbreitet sind? Erstens bombardiert uns die Welt mit Hilfe der Medien mit Programmen, die Unzucht und Perversionen als einen akzeptablen Lebensstil für den modernen Menschen darstellen – was von großen Massen als eine neue Philosophie der »Befreiung« begrüßt wird. Aber Satan, der Gott dieser Welt, ist ein Betrüger. Was auf den ersten Blick als eine Befreiung anmutet, entpuppt sich später als Sklaverei.

Menschen, die der ihnen rechtmäßig zustehenden Liebe beraubt worden sind, erweisen sich als besonders anfällig für die Versuchungen zur sexuellen Unreinheit.

Solche, die nach Liebe ausgehungert sind, werden in ihrem Denken irregeführt und meinen, ihr Hunger nach Liebe kann dadurch gestillt werden, daß sie sich den verbotenen Sex-Freuden hingeben.

Sexuelle Phantasien sind eine Variation der sexuellen Unreinheit, die in Gedanken stattfindet. Solche Kooperation mit der Sünde bietet dem Teufel eine offene Tür. Es ist eine irrige Vorstellung, zu meinen, daß nur in die Tat umgesetzte Sünden Dämonen eine Plattform zum Angriff bieten. Sexuelle Sünde beginnt in Gedanken und in den Augen, wobei der Teufel die betreffende Person so weit in den Sumpf der Sünde hinein schieben wird, wie nur möglich.

»Ihr habt gehört, daß gesagt ist: Du sollst nicht ehebrechen. Ich aber sage euch, daß jeder, der eine Frau ansieht, sie zu begehren, schon Ehebruch mit ihr begangen hat in seinem Herzen« (Mt 6,27.28).

Gedankliches Akzeptieren der Lügen Satans bereitet den Weg für sündige Taten. Selbstbefriedigung ist eine der frühesten Formen sexueller Übertretung. Sie ist eine Form von Selbstliebe und wird oft durch das Ansehen von pornographischem Material angeregt. Menschen, die ihre Augen mit Pornographie füttern, öffnen sich selbst für Dämonen verschiedenster Perversionen. Das Gedankenleben wird verunreinigt, und das Gewissen verliert seine Sensibilität. Alles, was noch zu tun übrig bleibt, ist: das in der Phantasie Genossene in die Tat umzusetzen.

Ganz gleich wie weit ein Mensch auf dem Weg der sündigen sexuellen Praktiken geht – mit gleichgeschlechtlichen oder andersgeschlechtlichen Partnern – er wird nie den Regenbogen der Erfüllung erreichen. Statt dessen wird er genau das ernten, was er gesät hat.

»Männer wandten sich vom natürlichen Umgang mit Frauen ab und sind in Begierde gegeneinander entbrannt. Sie begannen, in schamloser Weise Mann mit Mann Verkehr zu haben und bekamen auch die bitteren

Folgen ihrer Perversion am eigenen Leib deutlich zu spüren« (Röm 1,27; frei übersetzt).

Selbstverherrlichung

Es gibt ein altes Sprichwort: »Zweimal Unrecht ergibt noch lange kein Recht«. Ebenso wahr ist es, daß zwei gegensätzliche Probleme keine Lösung ergeben. Es ist eine eklatante Lüge des Feindes, daß wir vom ersten Problem befreit werden, wenn wir ein zweites Problem akzeptieren, das dem ersten entgegengesetzt ist. Nehmen wir an, ich habe starke Kopfschmerzen, und jemand möchte mir helfen. Seine Hilfe besteht darin, daß er mir so heftig auf den Zeh tritt, daß es mich von meinen Kopfschmerzen ablenkt. Dies ist eine Art von Hilfe, die der Teufel anbietet. Er sagt: »Du Ärmster! Du leidest ja so schrecklich unter Ablehnung. Das, was du jetzt brauchst, ist ein Ego-Trip! Baue dein Selbstwertgefühl ordentlich auf, bis du dich selbst gut findest.« Dieses Angebot des Teufels bedeutet in Klarschrift: »Da du eine schlechte Beziehung zu anderen Menschen hast, wird es dir helfen, wenn du auch eine schlechte Beziehung zu Gott bekommst.« Stolz bewirkt, daß wir mit Gott Schwierigkeiten bekommen, der sagt: *»Wer sich selbst erhöht, wird erniedrigt werden« (Lk 18,14).* Zu einem bereits bestehenden Problem noch weitere Probleme hinzuzufügen schafft keine Lösung.

Verdrängung

Die meisten von uns sind Experten im Selbstbetrug. Zum Beispiel denken wir, wir hätten ein Problem in echter Weise gelöst, nur weil wir uns darum keine Sorgen mehr machen. Wenn wir alle unsere Sorgen auf denn Herrn geworfen haben – schön und gut. Aber wenn wir unser Problem lediglich verdrängt haben, dann wird es wieder an die Oberfläche kommen. Glaube an Gott ist Heilung, Verdrängung dagegen ist ein psychologischer Trick.

Verdrängung wird definiert als »Ausblocken aus dem Bewußtsein«. Sie kann durch eine bestimmte Technik des Verstandes erreicht werden, oder auch durch andere Mittel. Beispielsweise einige Beruhigungspillen, eine Flasche alkoholisches Getränk oder Behandlung mit Elektroschocks wird praktisch alles aus dem Bewußtsein verdrängen, aber die Probleme bleiben unbewältigt.

Ohne Frage entstammen viele körperliche Leiden den verdrängten Gefühlen wie Groll, Ängste, Sorgen und Schuld. Bei Heilungsgottesdiensten in den Gemeinden drängen sich Leute in Scharen nach vorne, die an chronischen Magengeschwüren, Diverticulitis (Ausstülpung der Dickdarm-Schleimhaut), nervösen Kopfschmerzen, Herzrhytmusstörungen, Arthritis und durch Streß verursachtem Krebs leiden. Solche Krankheiten sind oft das Ergebnis verdrängter Emotionen. Und man muß die Wurzel dieser physischen Erkrankungen beseitigen, bevor eine echte Heilung stattfinden kann.

»Sei nicht weise in deinen Augen, fürchte den Herrn und weiche vom Bösen! Das ist Heilung für deinen Leib, Labsal für deine Gebeine« (Spr 3,7.8).

Verschiedene Techniken, um die Aufmerksamkeit auf sich zu lenken

Menschen, die das Empfinden haben, minderwertig zu sein und von anderen übersehen zu werden, entwikkeln oft bizarre Verhaltensweisen, um bemerkt zu werden. Kinder, die von ihren Eltern vernachlässigt werden, benehmen sich oft schlecht, und wenn sie dafür Schläge bekommen, dann haben sie zumindest die Aufmerksamkeit ihrer Eltern auf sich gezogen.

Ein junger Mann wurde von den Gleichaltrigen auf Partys als der »Obermaker« empfunden. Nichts schien er ernst zu nehmen. Stets erzählte er lustige Geschichten und machte dauernd Witze. In vollen Zügen genoß er die Aufmerksamkeit, die er durch dieses Verhalten erhielt. Als dieser junge Mann fünfundzwanzig Jahre alt wurde, bekam er einen Ruf vom Herrn, ein Pastor zu werden, aber er fühlte sich so unfähig und minderwertig, daß er dem Ruf des Herrn mit aller Kraft widerstand. Seiner Mutter fiel es auf, daß er sehr bedrückt war, und sie befürchtete, daß mit ihm etwas ernstlich nicht in Ordnung sei. Sie konfrontierte ihn: »Du verhältst dich nicht normal«, sagte sie, »was ist los mit dir?« Der junge Mann wollte erst nicht so recht mit der Sprache heraus, aber seine Mutter ließ nicht locker, bis er ihr schließlich die Wahrheit sagte. »Gott ruft mich in seinen Dienst«, sagte er. Und diese gläubige Mutter, die oft dafür betete, daß Gott wenigstens einen ihrer Söhne in seinen Dienst rufen möge, antwortete ihrem Sohn: »Das kann ich nicht glauben! Du bist fünfundzwanzig Jahre alt, aber du hast, soweit es mir bekannt ist, noch nie einen ernsten Gedanken in deinem Kopf gehabt!« Das war die Meinung einer Mutter über ihren erwachsenen Sohn! Ich bin dieser Sohn.

Meine Witzeleien und albernes Benehmen waren nur ein Deckmantel für meine Unsicherheit und meine Minderwertigkeitsgefühle. Nach außen hin lachte ich, aber innen drin weinte ich. Viele Menschen sind so. Sie werden zu Amateur-Clowns, Draufgängern und religiösen Aktivisten, um von anderen die heißbegehrte Aufmerksamkeit zu bekommen.

Kontrolle

Ein junger Mann wurde von seiner Familie in schlimmer Weise abgelehnt. Als er erwachsen war, verliebte er sich in eine schöne junge Dame, und sie heirateten. Endlich hatte er jemand, der ihn liebte. Aber dann überfielen ihn qualvolle Ängste, er könnte diejenige, die ihn liebte, auf irgendeine Weise verlieren. Er verfiel in den Zwang, seine Frau übermäßig zu schützen. Von seiner Arbeit aus rief er zu Hause an, um sicherzugehen, daß sie noch da war. Auch wurde er von Ängsten geplagt, sie könnte ihm untreu werden.

Eines Tages rief dieser Mann zu Hause an, und seine Frau meldete sich nicht am Telephon. Als er an diesem Abend nach Hause kam, herrschte er sie an: »Wo warst du heute morgen? Ich habe dich genau um 10 Uhr 23 angerufen, und du bist nicht ans Telephon gegangen. Wo bist du hingegangen? Mit wem warst du zusammen?« Die junge Ehefrau, die mit dieser mißtrauischen Art bereits vertraut war, gab ihm eine gute, ehrliche Antwort. Sie sei nur einkaufen gewesen und habe eine Dose Bohnen für das Abendbrot geholt. »Ach ja?« gab er zurück, »dann zeig mir doch, was du gekauft hast! Wo ist der Kassenzettel?« Die Eifersucht dieses jungen Ehemannes brachte ihn dazu, seine Frau zu kontrollieren und sie als sein Eigentum zu behandeln. Solche eifersüchtige Kontrolle des Ehepartners, ist nichts anderes als Zauberei und wird eine Ehe entweder unglücklich machen oder sie zerstören.

Manche Menschen verlieren ihre Freunde genauso schnell, wie sie sie finden, aus dem einfachen Grund, daß sie sie zu kontrollieren versuchen. Die Beziehung wird durch Mißtrauen und Besitzanspruch beherrscht. Die kontrollierende Person gestattet ihrem Freund oder Freundin keine anderen Freunde zu haben. Um den Freund daran zu hindern, mit anderen Personen eine Beziehung zu knüpfen, wird der Freund rund um die Uhr streng überwacht. Aber wer kann sich schon wohl fühlen, wenn er ständig beobachtet wird? Der einfachste Weg aus dem Schraubstock ist die Beziehung abzubrechen. Das Ergebnis ist erneute Ablehnung, gerade die Sache, gegen die sich der Betreffende schützen wollte.

Ablehnung erzeugt Ablehnung. Die abgelehnte Person wird unnormal in ihrem Verhalten, und andere, die mit dieser Person eine Beziehung aufzubauen versuchen, fühlen sich eingeengt und bedroht. Wenn derjenige, der unter die Kontrolle geraten ist, sich entscheidet, die Beziehung zu beenden, erfährt der andere Ablehnung. So seltsam es auch ist, aber die abgelehnte Person hat selbst genau das bewirkt, was sie gefürchtet und zu verhindern versucht hat, nämlich erneute Ablehnung. Wie bei Hiob ist das, was sie gefürchtet hat, über sie gekommen.

Wir fassen zusammen

Die hier geschilderten Anpassungstechniken an die Verletzungen der Ablehnung stellen allgemein vorkommende Versuche, entweder den Schmerz zu mindern oder neue Wege zu finden, das Bedürfnis nach Liebe zu befriedigen. Wenn man jeden dieser Versuche genau betrachtet, wird man feststellen, daß es sich jeweils um einen Irrweg handelt. Alle diese Methoden sind nicht von Gott, sondern von dem Bösen. Anstatt dem bestehenden Problem abzuhelfen, machen sie es nur noch schlimmer.

Ich habe diese Botschaft in Befreiungsseminaren gelehrt, und es waren immer Menschen dabei, die sich völlig am Boden zerstört fühlten, wenn ich in meinen Vorträgen an diesen Punkt kam. Viele sagten mir: »Ich habe alles falsch gemacht. Sie haben mich Punkt für Punkt genau beschrieben. Ich nehme an, daß es für mich überhaupt keine Hoffnung mehr gibt.« Halt, halt! Es gibt Hoffnung! Dazu kommen wir noch. Zuerst müssen wir das Problem erkennen, und dann bekommen wir die Antwort. Habt Geduld mit mir, bis wir noch ein weiteres Gebiet der Komplikationen untersuchen. Danach werden wir darüber sprechen, wie man die Heilung bekommt.

Kapitel 5
Bumerang-Wirkungen der falschen Reaktionen und falschen Anpassungen

Falsche Reaktionen und falsche Anpassungen an die Verletzungen durch Ablehnung verschlimmern die bereits schlimme Lage des Abgelehnten. Das Wort Gottes weist uns auf das göttliche Gesetz des Säens und Erntens hin: *»Was ein Mensch sät, das wird er auch ernten« (Gal 6,7).* Aus diesem Grund müssen wir unbedingt lernen, unsere seelischen Verletzungen schriftgemäß zu handhaben. Jesus wurde von Menschen verachtet und abgelehnt. Aber diese Tatsache konnte ihn nicht zu einer kaputten Persönlichkeit machen. Auch wurde er nicht dämonisiert. Warum? Weil er seine Probleme so handhabte, wie sein Vater ihn gelehrt hatte. Wenn wir in seinen Fußtapfen gehen, werden wir die gleichen Resultate erzielen. Doch wenn wir auf unsere seelischen Verletzungen mit falschen Verhaltensweisen reagieren, wird sich dies stets als ein Bumerang erweisen.

In sich selbst eingeschlossen

Ein Professor hat einmal gesagt: »Eine in ihr eigenes Ich eingewickelte Person ergibt ein sehr kleines Päckchen«. Das ist wahr, aber es ist auch wahr, daß eine Person, die ganz in sich selbst eingeschlossen ist, sich in einem Gefängnis befindet, das einer starken Festung gleicht. Man kommt in diesen Zustand des In-sich-selbst-Eingesperrtseins dadurch hinein, daß man sich auf eigene Schmerzen und deren Konsequenzen konzentriert.

Ein Mann oder eine Frau, die sich ständig mit den negativen Dingen beschäftigen, die ihnen widerfahren sind, werden bald auf »mich«, »mein« und »ich« fixiert. Jeder, dem sie begegnen, wird ihrer Leidensgeschichte zuhören müssen. In welchem Sinne befindet sich eine solche Person in einer Knechtschaft? Nun, Gott hat uns dazu berufen, andere Menschen zu lieben und ihnen zu dienen. Ein Mensch, der in sich selbst gefangen ist, ist unfähig, sich anderen zu geben. Er ist nicht frei, das zu tun, wozu Gott ihn berufen hat.

Nach einer längeren Konzentration auf sich selbst und eigene Probleme hat sich ein festes Gewohnheitsmuster eingeschliffen. Man verfällt in einen Trott. Man glaubt, anderen nicht helfen zu können, solange eigene Schwierigkeiten noch vorhanden sind. Man wird nutzlos für das Reich Gottes, und Satan hat sich einen Vorteil ergattert.

Verlust der Identität

Hat ein Mensch durch Selbstablehnung andere Persönlichkeiten übernommen, wird er sie von Zeit zu Zeit manifestieren. Zum Beispiel werden die Menschen, die mit ihm zu tun haben, ihn zurückgezogen und unsicher vorfinden, und direkt vor ihren Augen kann er plötzlich rebellisch und laut werden. Der Mensch selbst wird verwirrt über seine eigene Identität und beginnt zu überlegen: »Wer bin ich überhaupt?« Solche falschen Persönlichkeiten haben eine dämonische Struktur. Sie bestehen aus ganzen Systemen von bösen Geistern. Zeitweise kommt auch die wahre Persönlichkeit zum Vorschein, und man kann das Wesen Jesu erkennen. Es ist für andere in höchstem Maße verwirrend, mit einem Menschen umzugehen, der zu verschiedenen Zeiten verschiedene Persönlichkeiten aufzeigt. Man möchte am liebsten sagen: »Die wirkliche Persönlichkeit möchte bitte aufstehen!«

Es gibt auch Menschen, die zur Verlängerung der Persönlichkeit von jemand anders werden und dabei ihre eigene Identität und ihre Freiheit einbüßen. Es kommt vor, daß ein Sohn zur Verlängerung des Lebens seines Vaters wird. Dann programmiert der Vater den Sohn so, daß er seine Lebensziele verwirklicht, die der Vater in seinem Leben nicht erreichen konnte. Oder eine Mutter versucht, durch die Ehe ihrer Tochter ihr eigenes, unerfülltes Liebesleben auszuleben, und schafft damit Verwirrung, Konflikte und Eifersüchteleien. Dadurch das sich ein Sohn oder eine Tochter der Kontrolle eines Elternteils unterwirft, wird er oder sie unfähig, den Ruf Gottes im eigenen Leben zu erfüllen. Man muß von der elterlichen Kontrolle frei sein, wenn man sich zu dem Menschen entwickeln will, zu dem Gott einen machen möchte.

Gefangen in einer Falle

Die Probleme des Lebens können so kompliziert werden, daß es keine Lösung zu geben scheint. Wenn alle Hoffnung auf Rettung aus der Situation verloren ist, kann es leicht passieren, daß der Mensch sich mit dem Leben der Niederlage abfindet. Er sagt zu sich selbst: »Es gibt keinen Ausweg aus meiner Not. Niemand fragt danach, wie sehr ich leide. Gott beantwortet meine Gebete nicht.« Es gibt einen Dämon, der »In-der-Falle-gefangen« heißt. Er vermittelt dem Menschen, den er quält, das Gefühl, als sei er eine Ratte in einem Labyrinth. Die Hoffnungslosigkeit wird so niederdrückend, daß er keinen Versuch mehr unternimmt, sich zu befreien.

Sich-Zurückziehen

Es gibt verschiedene Methoden und Grade des Sich-Zurückziehens. Es handelt sich um eine Flucht vor Dingen, die unangenehm sind und vor Verantwortung. Personen, die verletzt worden sind, neigen dazu, Meister in

Flucht-Taktiken zu werden. Katatonie ist die extremste Form des Sich-Zurückziehens. Die Persönlichkeit wird unfähig zu reagieren. Das Leben ist derart unerträglich geworden, daß die permanente Flucht sich in völligem Schweigen und Immobilität ausdrückt.

Ich habe einmal einen Bericht über einen mitfühlenden Mann gelesen, der anfing, einen katatonischen Patienten in der psychiatrischen Abteilung eines Krankenhauses regelmäßig zu besuchen. Stundenlang saß er da und sprach mit dem Patienten, obwohl keinerlei Reaktion, weder verbal noch in dessen Gesichtsausdruck, zu beobachten war. Eines Tages, als die beiden auf der Veranda vor der psychiatrischen Abteilung saßen, sah der Mann ein kleines Eichhörnchen auf dem Rasen. Er fing an, dem Patienten von dem Eichhörnchen zu erzählen, und plötzlich gab es eine Reaktion. Es war die Liebe, die die Barriere durchbrochen hatte. Von dem Tage an begann der Patient aus seinem selbstgemachten Gefängnis herauszukommen.

Ein Mensch zieht sich zurück, weil er Ablehnung erfahren hat und sich fürchtet, wieder abgelehnt zu werden. Beziehungen haben sich als schmerzbringend erwiesen, und das Risiko, erneut verletzt zu werden, ist einfach zu groß. Wenn einem solchen Menschen Liebe entgegengebracht wird, kann sie zunächst gar nicht angenommen werden. Sie muß immer und immer wieder angeboten werden und sich als echt erweisen. Die Bibel sagt uns, daß Liebe »geduldig« ist. Selbst dann, wenn die Liebe nicht akzeptiert wird, wird eine liebende Person immer mehr Liebe über den anderen ausschütten. Beharrliche Liebe ist in vielen Fällen unerläßlich, will man die Verwundeten aus ihrem Gefängnis heraus führen. Der Seelsorger, der mit Befreiung dient, muß sich vom Heiligen Geist leiten lassen, indem er den Dienst der Liebe und den Dienst der Befreiung miteinander verbindet. Er wird die Dämonen mit Autorität und

Strenge austreiben und dabei den Hilfesuchenden liebend stärken und ermutigen.

Verlust der Liebe

Ein Mensch, der ein Trauma in der Liebe erfahren hat, braucht gewöhnlich Befreiung von dem Geist »Angst vor Liebe«. Liebesbeziehungen können als derart niederschmetternde Fehlschläge empfunden werden, daß jedes Interesse an einem weiteren Versuch in dieser Richtung verloren geht. Eine anschauliche Illustration ist ein Fehlschlagen der Liebe in der Ehe. Nach einer Scheidung ist es möglich, daß kein Interesse an einer Wiederverheiratung mehr vorhanden ist. Die Ehe war auf Liebe gegründet worden, aber die Liebe schlug fehl. Der Schmerz kam völlig unerwartet. Der Partner, von dem sich der andere hat scheiden lassen, durchlebte ein Trauma. Wer wird sich auf etwas einlassen wollen, das eine ähnliche Situation mit sich bringen kann? Wer will noch ein weiteres Fiasko riskieren? Welche Garantie gibt es gegen weitere schmerzliche Erlebnisse?

Verlust des Glaubens

Der Glaube ist *»durch die Liebe tätig«*. Wenn die Liebe versagt, versagt auch der Glaube *(Gal 5,6)*. Mit anderen Worten, wenn jemand sein Vertrauen auf Gott verliert, hat er nichts mehr, worauf er seinen Glauben gründen kann. Das ist der Grund, warum Gott uns mit seiner Liebe nahekommt, und nicht mit seinen anderen Eigenschaften. Gott möchte Glauben bei uns wachrufen. Liebe inspiriert zum Glauben. Wenn du weißt, daß jemand dich liebt, dann setzt du Glauben in ihn.

Wenn der Glaube eines Menschen versagt, hört er auf, von Gott abhängig zu sein und versucht, seine Probleme mit eigenen Mitteln zu lösen. Dieses Unterfangen ist von vornherein zum Scheitern verurteilt, weil ja der Herr die einzige Antwort ist. Wenn ein Mensch sein Gottvertrauen verliert, verliert er den Schlüssel zum Sieg. Deshalb ist es nicht verwunderlich, daß der Teufel sich so anstrengt, unsere Gewißheit, daß Gott uns liebt, gründlich zu demolieren. Denn dadurch bringt er uns dazu, im Glauben Schiffbruch zu erleiden. Und ohne Glauben ist es unmöglich, Gott zu gefallen oder von ihm etwas zu empfangen *(siehe Hebr 11,6; Jak 1,6.7).*

Selbstbetrug

Selbstbetrug ist ein falscher Glaube im Hinblick auf sich selbst: der Betroffene denkt, er habe recht, während er sich im Irrtum befindet. Selbstbetrug ist eine Falle des Teufels, und es ist außerordentlich schwer, sich selbst aus dem Selbstbetrug herauszulösen.

Auch ein Seelsorger wird bis zum Äußersten gefordert, wenn eine Person tief im Selbstbetrug verstrickt ist, denn der Betrogene ist davon überzeugt, daß er keine Hilfe braucht.

Selbstbetrug ist ein Auswuchs der Rebellion und hat seine Wurzeln in der Ablehnung. Bei allen, die dem Selbstbetrug zum Opfer gefallen sind, verläuft das Verhaltensmechanismus nach dem gleichen Muster. Wie, magst du fragen, kann die Ablehnung im Selbstbetrug resultieren? Es funktioniert folgendermaßen: Einer, der durch Ablehnung verletzt worden ist, steht vor zwei Alternativen – entweder zu vergeben oder in sündiger Weise zu reagieren. Oft wird mit Rebellion reagiert. Rebellion steht für Haß, Respektlosigkeit und Verachtung, die sich in Form von Ungehorsam niederschlagen. Wenn eine Person rebellisch wird, weigert sie sich, sich der bestehenden Autorität zu unterstellen. Wer kann dann noch Aufsicht über das Leben des Betreffenden führen? Er wird zu seinem eigenen Vorgesetzten und beschließt: »Keine Autorität wird über mich bestimmen, was ich zu tun und zu lassen habe. Ich werde tun, was ich will.«

Da Ablehnung eine Leere im Leben eines Menschen schafft, wird er nach Wegen suchen, den »Hunger«, der in seinem Inneren nagt, zu stillen – denn er hungert nach Liebe, Respekt, Ehre und Erfüllung. Wenn diese Bedürfnisse nicht in Christus ihre Befriedigung finden, besteht die Versuchung, sie in sündiger Weise zu befriedigen. Denn der Mensch hat ja gegen die Unterweisung und Disziplin rebelliert, wer kann ihn korrigieren? Er hat die Tür zur Korrektur zugeschlagen und hat somit die Tür für den Selbstbetrug weit aufgemacht.

Ein Mensch, der im Selbstbetrug lebt, hat alle Brücken hinter sich abgebrochen. Er ist niemand mehr eine Rechenschaft schuldig. Er ist zu seinem eigenen Boß geworden und widersetzt sich nun jedem Versuch der anderen, ihn zu korrigieren.

Ein Mensch hält deshalb an einem Selbstbetrug fest, weil es Vorteile zu bringen scheint. Es scheint, Sicherheit, Anerkennung, Akzeptanz oder Liebe zu geben. Weil diese Nebenprodukte des Selbstbetrugs so überaus wertvoll erscheinen, wird der Selbstbetrug »mit Zähnen und Klauen« verteidigt. Wenn daran gerüttelt wird, fühlt sich die Person bedroht. Sie versteift sich immer mehr darauf, daß nichts und niemand ihr diese Sache je wegnehmen wird, die ihr Sicherheit gibt und ihr das gute Gefühl vermittelt, bedeutend zu sein.

Deshalb wird sie viel lieber Verfolgung in Kauf nehmen, als ihren Selbstbetrug aufgeben. Nur durch die Gnade Gottes kann eine Person, die ernstlich in einen Selbstbetrug verstrickt ist, ihrem Gefängnis entrinnen.

Eine äußere Manifestation des Selbstbetrugs ist eine übermäßige Beschäftigung mit sich selbst. Der falsche Lebensinhalt ist zu einem Zwang geworden. Er dominiert die Gedanken und die Gespräche des Betroffenen. Ein Drang ist entstanden, den Selbstbetrug zu verteidigen, zu untermauern, zu kolportieren und dafür zu werben.

Stolz ist gewöhnlich ein Begleiter des Selbstbetrugs. Stolz ist das Gegenteil von Minderwertigkeitsgefühlen und schafft ein Gegengewicht dazu. Er erzeugt ein falsches Gefühl von Überlegenheit. Wenn jemand von anderen geringschätzig behandelt wird, tendiert er dazu, sich in seiner eigenen Beurteilung groß zu machen. Die Schrift warnt uns davor, uns selbst über das realistische Maß hinaus zu erhöhen.

»Denn ich sage durch die Gnade, die mir gegeben wurde, jedem, der unter euch ist, nicht höher (von sich) zu denken, als zu denken sich gebührt, sondern darauf bedacht zu sein, daß er besonnen sei, wie Gott einem jeden das Maß des Glaubens zugeteilt hat« (Röm 12,3).

Stolz verbindet sich mit Rebellion und verhindert es, daß die Person die korrigierende Beratung akzeptiert, die sie so dringend braucht. Wenn Stolz und Unbelehrbarkeit sich mit dem Selbstbetrug verbündet haben, befindet sich die Person in einem bedrohlichen Zustand der Gebundenheit. Wie kann sie jemals den Klauen des Selbstbetrugs entrinnen? Obgleich sie eine absolut falsche Vorstellung von sich selbst hat, ist sie ihrem eigenen Problem gegenüber völlig blind. Selbstbetrug wird manchmal von selbsterzeugtem Irrwahn begleitet. Das griechische Wort für Wahn ist »plane«, was »umherirren« oder »in die Irre gehen« bedeutet. Das Neue Testament gebraucht dieses Wort immer in dem Sinne von irriger Denkweise, falscher Meinung oder einem Irrtum auf dem moralischen oder religiösen Gebiet. In 2. Thessalonicher Brief ist von dem »Menschen der Gesetzlosigkeit« die Rede, *»dessen Ankunft gemäß der Wirksamkeit des Satans erfolgt... mit jedem Betrug der Ungerechtigkeit für die, welche verloren gehen, dafür, daß sie die Liebe der Wahrheit zu ihrer Errettung nicht angenommen haben. Und deshalb sendet ihnen Gott eine wirksame Kraft des Irrwahns, daß sie der Lüge glauben« (2.Thess 2,2.9-11).*

Wenn eine Lüge im Denken eines Menschen die Stelle der Wahrheit einnimmt, wird die Lüge zu einer verfestigten falschen Auffassung. Der Mensch hält mit solcher Vehemenz an seiner Wahnvorstellung fest, daß das

Licht der Realität bis zu ihm überhaupt nicht durchdringen kann. Und solange die im Wahn befangene Seele nicht zugibt, daß sie eine Lüge an ihre Brust gedrückt und sie als Wahrheit akzeptiert hat und sich anschließend mit ihrem Willen gegen diese Lüge wendet, wird jede seelsorgerliche Bemühung völlig nutzlos sein. Die Beispiele, die im folgenden angeführt werden, weisen auf die Arten von Irrwahn hin, mit denen wir zu tun gehabt haben.

Sehr häufig vorkommende Form der Selbsttäuschung tritt im Bereich der Liebe und Ehe in Erscheinung. Ich kenne eine Frau, die schon seit vielen Jahren glaubt, daß sie einen gewissen jungen Mann heiraten wird, obwohl dieser Mann noch nie irgendwelches Interesse an ihr gezeigt hat. Sie ist einfach felsenfest davon überzeugt, daß Gott ihr seinen Willen in dieser Sache offenbart hat, und daß dieser Mann sie über kurz oder lang bitten wird, seine Frau zu werden. Aus diesem Grund ruft sie ihn ständig an und versucht auf diese Weise seine Aufmerksamkeit auf sich zu lenken. Darüber hinaus weigert sie sich konstant, andere infrage kommende junge Männer zu treffen oder mit ihnen auszugehen. Selbst nachdem der betreffende junge Mann in eine andere Stadt zog, ließ ihre Überzeugung, er werde sich schlußendlich in sie verlieben, in keiner Weise nach. Ihr Pastor und einige ihrer engsten Freunde haben ihr bereits gesagt, daß sie da einer Täuschung unterliegt, aber sie hält nach wie vor an ihrer »Lüge« fest. Und wenn sie sich nicht entschließt, die Wahrheit zu akzeptieren, wird sie höchstwahrscheinlich als eine alte Jungfer ihre Tage beschließen.

Ehescheidung ist eine furchtbare Tragödie, die manchmal mit einer Trugvorstellung einher geht, die sich auf eine falsche Hoffnung gründet. Die Scheidung hat stattgefunden, und der Expartner hat wieder geheiratet. Dennoch glaubt der andere geschiedene Partner, daß die Ehe wieder in Ordnung kommen wird. Aber Gott gibt zu solch einer Wiederverheiratung keine Zustimmung. Die Hoffnung ist falsch:

»Wenn ein Mann seine Frau entläßt und sie von ihm weggeht und (die Frau) eines anderen Mannes wird, darf sie wieder zu ihm zurückkehren? Würde dieses Land nicht ganz und gar entweiht werden?« (Jer 3,1).

Manche leben in einer Wahnvorstellung, was Macht anbelangt. Wir haben schon Menschen gedient, die tatsächlich geglaubt haben, sie seien Gott. Einmal unterbrach ein Mann während eines Gottesdienstes meine Predigt, indem er laut rief: »Ich bin Gott!« Natürlich merkten alle Anwesenden sofort, daß er an einer Wahnvorstellung litt.

Ein weiterer Mann freute sich mit uns, nachdem er von dämonischen Geistern befreit worden war. Er hatte allen Ernstes geglaubt, er besäße besondere geistige Kräfte, die ihn befähigten, Atombomben zur Explosion zu bringen.

Andere Wahnvorstellungen haben den Glauben zum Inhalt, man sei eine besonders wichtige Persönlichkeit. Wir sind Menschen begegnet, die dachten, sie seien Mose, Elia oder auch Jesus. Ein Mann mit einer sehr labilen Persönlichkeit erzählte uns, er sei als Kind ein Evangelist gewesen. Nachdem er von seinen Eltern verlassen worden sei, hätten ihn ein Pastor und dessen Frau adoptiert. Er behauptete steif und fest, im Alter von vier Jahren sei er nach Rußland, Afrika und Kuba gereist und habe dort das Evangelium gepredigt. Alle Geistesgaben seien in seinem Dienst in Operation gewesen, und Tausende seien gerettet und geheilt worden. Er hielt an dieser »Lüge« fest und glaubte, daß er eines Tages auf diesen Stand der geistlichen Fähigkeiten wieder erhoben werde, den er früher eingenommen hatte.

Selbst ein tiefes Verständnis des Wortes Gottes ist keine Garantie dagegen, daß ein Mensch in einen Selbstbetrug fallen kann. Denn er muß nicht allein die Wahrheit kennen, sondern er muß sie auch lieben! Wie viele von uns kennen Prediger oder Pastoren, die moralisch in die Irre gegangen sind? Wie konnte jemand, der das Wort Gottes kennt und es jahrelang gepredigt hat, in sexuelle Sünde fallen? Er hat sich entschieden, Satans Lügen Glauben zu schenken. Satan sagt ihm, sein Bedürfnis nach Liebe fände keine Erfüllung, und schon beginnt er in seiner Phantasie außereheliche Liebesaffären auszumalen. Je mehr er in seinem Verstand der Wahnvorstellung erliegt, desto leichter werden seine früheren Überzeugungen wegargumentiert und er wird in der Meinung bestärkt, daß sein Fall eine Ausnahme sei, für die Gottes heilige Gebote nicht gelten. Und wenn dann sich die Gelegenheit zur Unzucht oder zum Ehebruch bietet, ist zwischen dem, was er nun in seinem Verstand glaubt und dem, was er mit seinem Körper in die Tat umsetzt, nur ein kleiner Schritt.

Ein weiterer Zusatz zu Selbstbetrug ist Selbstverführung. Man kann durch eine andere Person verführt werden, aber man kann auch sich selbst verführen. Das heißt, daß man sich willentlich dazu entschließen kann, einem moralischen oder lehrmäßigen Irrtum zu folgen. Der Prozeß der Selbstverführung geht gewöhnlich allmählich vor sich, indem man zunehmend mit den Versuchungen liebäugelt:

»Ein jeder aber wird versucht, wenn er von seiner eigenen Lust fortgezogen und gelockt wird. Danach, wenn die Lust empfangen hat, gebiert sie Sünde, die Sünde aber, wenn sie vollendet ist, gebiert sie den Tod« (Jak 1,14.15).

Jeder Mensch hat legitime Bedürfnisse – geistliche, emotionale und physische. Gott hat Mittel und Wege geschaffen, wie diese Bedürfnisse erfüllt werden sollen. Zum Beispiel hat Gott bestimmt, daß sexuelle Wünsche innerhalb der Ehe ihre Erfüllung finden sollen. Die Bedürfnisse des Magens sollen durch gute Nahrung und diszipliniertes Essen befriedigt werden. Die Versuchung zur Sünde besteht darin, daß wir die Befriedigung unserer Bedürfnisse entweder außerhalb der Grenzen, die Gott gesetzt hat, suchen, oder sie über das natürliche Maß hinaus betreiben. So ist beispielsweise Lüsternheit der Drang, legitime Wünsche zu befriedigen, der aus der Ordnung Gottes ausgebrochen ist.

Als Satan Jesus in der Wüste versuchte, gründeten sich seine Versuchungen auf legitime Bedürfnisse. Jesus war hungrig und brauchte Brot. Er war der Messias und war gekommen, um seine Herrschaft aufzurichten. Er war der König aller Könige und mußte seine Regierungsgewalt auf dieser Erde aufbauen. Die Versuchung Satans bestand darin, daß er Jesus dazu bringen wollte, diese Dinge auf eine gesetzwidrige Weise zu erreichen *(siehe Mt 4,1-11)*.

In Sprüche Kapitel 7 wird die Begegnung eines jungen Mannes mit einer Prostituierten geschildert. Auf den ersten Blick scheint es so, als habe sie ihn verführt. Ein genaues Studium offenbart jedoch einen klaren Fall von Selbstverführung. Er flirtete mit der Versuchung. Er gab sich keine Mühe, die Sünde zu meiden. Und so ließ er sich *»von seiner eigenen Lust locken und fortziehen« (Jak 1, 14.15)*.

Ein junger Mann, den ich einmal kannte, war an Drogen, Alkohol und Unzucht gebunden. Nach Monaten intensiver Lehre, Seelsorge und Befreiung war er freigesetzt worden. Gott sorgte dafür, daß er einen guten Job bekam. Die anderen Gläubigen liebten ihn, und seine Zukunft sah verheißungsvoll aus. Aber mitten in dieser Situation des Sieges erklärte er plötzlich seinem Pastor, er habe sich entschieden, zurück in die Welt zu gehen und das alte Sündenleben wieder aufzunehmen. Niemand hatte ihn in dieser Richtung beeinflußt. Er wurde einfach »von seiner eigenen Lust gelockt und fortgezogen«. Sein geistliches Elend wird im Wort Gottes folgendermaßen dargestellt:

»Denn wenn sie den Befleckungen der Welt durch die Erkenntnis des Herrn und Heilandes Jesus Christus

entflohen sind, aber wieder in diese verwickelt und überwältigt werden, so ist für sie das letzte schlimmer geworden als das erste. Denn es wäre ihnen besser, den Weg der Gerechtigkeit nicht erkannt zu haben, als sich, nachdem sie (ihn) erkannt haben, wieder abzuwenden von dem ihnen überlieferten heiligen Gebot. Es ist ihnen aber nach dem wahren Sprichwort ergangen: Der Hund kehrt wieder um zu seinem eigenen Gespei und die gewaschene Sau zum Wälzen im Kot« (2.Petr 2,20-22).

Im Laufe der Zeit wird der Betrogene selbst zum Betrüger, der andere irreführt. Judas nennt einen Betrüger einen *»Irrstern« (Jud 13)*. Das griechische Wort, das hier gebraucht wird, ist »planetes«, von welchem das Wort Planet abgeleitet wird. Planetes ist eine Form des Verbs »plane«, welches »betrügen« oder »umherirren« bedeutet. Hier wird also eine Person, die im Selbstbetrug lebt, mit einem erloschenen Stern verglichen, der sich ständig im Kreise dreht und ein Ziel nie erreicht. Er bildet auch eine Gefahr für jeden, der ihm in den Weg kommt und führt jeden in die Irre, der sich nach ihm (in der Navigation) zu orientieren versucht.

Es gibt Einen, der nie einem Betrug zum Opfer gefallen ist und der die betrügerischen und leicht zu betrügenden Herzen der Menschen kennt. Sein (und in seiner Gewalt) ist, wer irrt und wer irreführt *(Hiob 12,16)*. Die Tatsache, daß man irregeführt wurde, dient nicht als Entschuldigung und befreit einen nicht vom Gericht Gottes.

Bei Christen habe ich vier Kategorien von Selbstbetrug festgestellt, die häufig vorkommen:

Erstens gibt es solche, die in bezug auf göttliche Führung dem Betrug verfallen. Selbstverständlich braucht ein Gläubiger göttliche Führung. Es ist nötig, daß er Gottes Stimme hört. Aber es ist auch der geistlich Gesinnte, der eifrig darum bemüht ist, göttliche Führung zu bekommen, der für das Falsche anfällig ist. Ein Mensch in der Welt, der sich nicht für geistliche Dinge interessiert, fällt gewöhnlich nicht der falschen Führung zum Opfer.

Ich erinnere mich an einen Mann, der in einer traditionellen Kirche groß geworden war. Eines Tages hatte er ein tiefgreifendes geistliches Erlebnis, indem er Gott durch eine Prophetie und auch direkt zu seinem eigenen Geist sprechen hörte. Er hatte eine tiefe Sehnsucht nach einem innigeren Leben mit Gott. Er wünschte sich so sehr, daß Gott auch weiterhin über alle Einzelheiten, die sein Leben betreffen, zu ihm sprechen möge. Er ging sogar so weit, daß er buchstäblich damit rechnete, daß Gott ihm die Farbe der Socken nennt, die er an jedem Morgen anziehen soll. Auf dem Weg von der Arbeit erwartete er jeden Abend, daß Gott ihm an jeder Straßenkreuzung genaue Anweisungen darüber gibt, in welcher Richtung er abbiegen soll. Soll er nach rechts abbiegen oder geradeaus fahren? Im Laufe der Zeit begann er tatsächlich das zu hören, wovon er annahm, daß es Gottes Stimme sei, aber in Wirklichkeit befand er sich in einem schwerwiegenden Irrtum. Dieser Irrtum wurde durch die Verwirrung offenbar, die sich als Folge dieses »Hörens« einstellte. *»Gott ist nicht ein Gott der Unordnung, sondern des Friedens« (1.Kor 14,33).* Er wurde so verwirrt, daß er es nicht mehr erkennen konnte, wenn Gott tatsächlich zu ihm sprach. Er war sich nicht sicher, ob er Gott oder den Teufel hörte, oder ob das Ganze nur seine Einbildung war. Wenn Gott wirklich sprach, konnte er nicht sicher sein, daß es Gott war. Wenn es nicht Gott war, der gesprochen hatte, folgte er einer Lüge.

»Aber was, wenn es doch Gott war?« argumentierte er. Die Angst, Gott zu enttäuschen, sperrte ihn im Betrug ein. Seine Furcht vor Gott war nicht »rein« *(siehe Psalm 19,9).* Er fürchtete sich nämlich, von Gott verurteilt zu werden. Er war nicht *»völlig in der Liebe« (1.Joh 4,18).*

Viele Gläubige erwarten, daß Gott zu ihrem Verstand spricht. Aber Gott ist ein Geist und kommuniziert mit dem Geist eines Menschen *(siehe Joh 4, 24)*. Bis ein Gläubiger begreift, auf welche Weise Gott spricht und bis er lernt, mit seinen geistlichen Ohren zu hören, ist es wahrscheinlich, daß er oft einer falschen Führung folgt.

Manche Führung-hungrige Christen haben ihre Bibel zu einem »christlichen Orakel« gemacht, weil sie so begierig sind, von Gott zu hören. Diese mechanische Methode, göttliche Führung zu suchen, bezeichnet man als »das gute Buch befragen«. Die Person, die Führung sucht, spricht die Frage aus, auf die sie von Gott eine Antwort haben möchte. Dann schließt sie die Augen, schlägt die Bibel aufs Geratewohl auf, legt den Finger auf die aufgeschlagene Seite und erwartet, daß der Vers, auf dem ihr Finger liegt, die Antwort Gottes auf die gestellte Frage sein soll.

Meine Frau und ich führten eine Reihe von Befreiungsversammlungen in einer Gemeinde durch. Eine gewisse Frau kam zu einer der Veranstaltungen schon früh und setzte sich hin. Als der Pastor diese Frau sah, flüsterte er uns zu, er sei begeistert, sie in der Versammlung zu sehen, weil sie dringend Befreiung brauche. Er erzählte uns, daß diese Frau ständig durch das Aufschlagen der Bibel göttliche Führung suche. Ich sagte dem Pastor, er solle den Tag nicht vor dem Abend loben, weil ich mir dessen bewußt war, daß der Teufel diese Person nicht in einer Befreiungsveranstaltung haben wollte. Und tatsächlich, noch bevor die Veranstaltung begann, erhob sich diese Dame von ihrem Platz und ging hinaus. Am Tage darauf traf ich sie auf der Straße und erkundigte mich, warum sie hinausgegangen sei. Sie habe ihre Bibel aufs Geratewohl aufgeschlagen, erklärte sie mir, und der Herr habe ihr »ein Wort gegeben«, das besagte, daß sie es nicht nötig habe befreit zu werden und weggehen solle.

Ziemlich häufig treffe ich Christen, die von Stimmen geleitet werden. Die meisten dieser Stimmen sind Fälschung der hörbaren Stimme Gottes. Diese Stimmen werden im Verstand gehört und nicht im Geist. Manchmal sind diese Stimmen akustisch hörbar. Ich habe diesen Dämonen der falschen Führung den Namen »Viele Stimmen« gegeben. Manche Menschen hören nämlich mehr als eine Stimme.

Da Dämonen Betrüger sind, fangen sie gewöhnlich damit an, daß sie Dinge sagen, die einem ganz vernünftig vorkommen. Wenn aber ein Mensch die Stimme oder Stimmen als echt akzeptiert hat, werden die Dämonen sehr dreist und führen den Betreffenden tief in den Betrug hinein.

Von Zeit zu Zeit berichten die Nachrichtenmedien von Morden und anderen schweren Verbrechen, die bestimmte Personen als einen Gehorsamsakt einer Stimme gegenüber begingen, von der sie angenommen hatten, daß es Gottes Stimme sei. Aber Gott sagt nie etwas, was im Gegensatz zu seinem offenbarten Wort, der Bibel, steht.

Ein Christ, bei dem es sich herausstellt, daß er sich durch falsche Stimmen leiten läßt, muß mit aller Entschiedenheit dazu aufgefordert werden, mit allen falschen »Stimmen« als der vermeintlichen Quelle der Weisung radikal Schluß zu machen. Er sollte Gott bitten, ihm auf andere Art und Weise Leitung und Führung zu geben. Als eine Schutzmaßnahme gegen weitere Irreführung soll jede Weisung, die er zu erhalten glaubt, von denen bewertet werden, die geistliche Autorität über ihn haben.

Zweitens gibt es solche, die in bezug auf Dienste und Offenbarungen irregeführt werden. Jeder von uns braucht das Bewußtsein, daß er gebraucht wird. Wenn jemand nie das Gefühl hatte, daß er innerhalb seiner eigenen Familie wirklich wichtig ist und anerkannt wird, dann hat er ein unerfülltes Bedürfnis, für andere wertvoll zu sein. Somit ist er für den Betrug offen, Gott hätte ihn zu einem ganz besonderen Dienst berufen.

Manche von den labilsten Menschen, denen ich je begegnet bin, sind felsenfest davon überzeugt, daß Gott sie in einen geistlichen Dienst gestellt hat oder es in Kürze tun wird.

Eine Dame rief meine Frau und mich wegen einer seelsorgerlichen Aussprache an. Sie wollte von uns wissen, wie sie es anstellen sollte, ihren Mann und ihre Kinder loszuwerden, damit sie ihren Dienst für den Herrn beginnen kann. Sie erzählte uns, daß sie eines Tages gerade Geschirr spülte, als der Herr ihr offenbarte, er habe sie in den Heilungsdienst berufen. Als sie die Arme hob und den Herrn pries, spürte sie Hitze in ihren Händen. Sie dachte, das sei die Salbung, hatte aber völlig übersehen, daß sie ja gerade ihre Hände aus dem heißen Spülwasser genommen hatte!

Sie begann, es sich auszumalen, sie habe einen Heilungsdienst. In ihrer Phantasie sah sie sich schon als eine zweite Kathryn Kuhlman, graziös über die Bühne eines riesigen Auditoriums hin- und hertrippelnd, von Tausenden umgeben, die im Geist ruhen oder ihre Heilung empfangen. Sie wartete sehnsüchtig, daß ihr Mann von der Arbeit nach Hause kommt, damit sie ihm von der Offenbarung, daß sie einen Ruf von Gott bekommen habe, erzählen konnte. Als er dann schließlich da war, öffnete sie ihm die Tür mit den Worten: »Gott hat mir heute gesagt, ich soll einen Heilungsdienst wie Kathryn Kuhlman haben!« Ihr Ehemann zeigte keinerlei Reaktion auf ihre Begeisterung. »Was gibt es Schönes zum Abendbrot?« fragte er.

Die Frau war zutiefst enttäuscht und wütend. Wie konnte sie einen Heilungsdienst haben, solange sie mit diesem geistlichen Holzklotz von Mann verheiratet war? Und dann waren ja noch die drei Kleinkinder da, die sie dauernd versorgen mußte! Dafür würde sie doch überhaupt keine Zeit mehr haben, auch nicht um zu kochen, zu putzen, zu waschen und den Chauffeur zu spielen! Deshalb rief sie uns schleunigst an und wollte Rat haben. Wie könnte sie ihren Mann und ihre Kinder loswerden, damit sie in »ihren Dienst« einsteigen kann?

Ein Seelsorger darf nie dem Betrug, in dem sich eine Person befindet, zustimmen. Er ist dazu verpflichtet, die Wahrheit in Liebe zu sagen. Als wir dieser Frau erklärten, sie sei einem geistlichen Betrug zum Opfer gefallen, war sie beleidigt. Wie konnten wir nur so sicher sein, daß Gott nicht zu ihr gesprochen habe? Wir setzten ihr auseinander, daß sie ja bereits einen Dienst hatte. »Was in aller Welt mag das nur sein?« wollte sie wissen. »Gott hat Sie doch in den Dienst als Ehefrau und Mutter gestellt«, meinten wir, »und das ist einer der wichtigsten Dienste überhaupt, die man haben kann.«

»Was aber, wenn es doch Gott war?« fragte sie, »Wenn ich das, wozu Gott mich berufen hat, nicht tue, werde ich ihn enttäuschen.« Das ist das Argument, das so viele Menschen in ihrem Selbstbetrug gefangen hält. »Aber was, wenn es doch Gott war?« Solche vermeintlichen Offenbarungen müssen sehr genau am Wort Gottes geprüft werden. Gottes Wort sagt nicht den Ehefrauen, sie sollen sich von ihren Ehemännern scheiden lassen oder ihre Kinder verlassen, damit sie einen Dienst in der Gemeinde übernehmen können.

Gott sorgt dafür, daß geistliche Leiter da sind, die uns vor Irreführung beschützen. Als die besagte Dame zu uns kam, bat sie nicht darum, ihre Offenbarung zu beurteilen, sondern ihr zu helfen, die Täuschung, der sie zum Opfer gefallen war, in die Tat umzusetzen. Wir waren dennoch in der Lage, ihr seelsorgerlich zu dienen, und schlußendlich akzeptierte sie die Wahrheit. Wir wußten dann, daß wir sie und ihre Familie vor viel Herzeleid bewahrt haben.

»Gehorcht euren geistlichen Leitern und unterstellt euch ihnen – behandelt ihre Autorität über euch als bindend für euch. Denn sie wachen ständig über euer geistliches Wohlergehen als Menschen, die über das, was ihnen anvertraut worden ist, Rechenschaft ablegen müs-

sen. tragt dazu bei, daß sie es mit Freude tun, und nicht mit Seufzen und Stöhnen, denn das wäre nicht gut für euch« (Hebr 13,17).

Drittens gibt es solche, die lehrmäßig irregeführt werden. Seltsame und aus dem Rahmen fallende Lehren üben eine besonders starke Attraktion auf Menschen aus, die sich verzweifelt nach Liebe und Akzeptanz sehnen. Sie haben nämlich ein äußerst starkes Verlangen danach, eine besonders wichtige Stellung innerhalb des Leibes Christi einzunehmen.

Menschen, die sich falschen Lehren verschreiben, sehen sich vielen starken Herausforderungen gegenübergestellt, was sie als Verfolgung einordnen. Die Irreführung, in der sie leben, bringt sie dazu, zu glauben, daß Gott besonders stolz auf sie ist, wenn sie ihren Mann stehen und ihre Auffassung gegen alle verteidigen. Sie gelangen zur Überzeugung, sie würden Gott im Stich lassen, wenn sie aufhören würden, für ihre Lehre zu kämpfen und sie zu verbreiten. Folglich sind Anhänger falscher Lehren oft viel eifriger, als solche, die sich an wahre Lehren Gottes halten.

Ein Mann kam zu mir, um Befreiung zu bekommen, wollte mir aber zuerst von der besonderen Lehre berichten, die er angenommen hatte. Mit großer Begeisterung setzte er mir auseinander, er werde nie physisch sterben. Er habe eine besondere Offenbarung bekommen, aufgrund derer er wisse, daß er von Tod ausgenommen sei. Jedesmal, wenn er an einem Beerdigungsinstitut vorbeifahre, würde er bekennen: »Mich wirst du nie kriegen!« Er war ganz besessen von seiner »Nie-sterben« Theorie. Nachdem er mir das alles erzählt hatte, kam er schließlich darauf zu sprechen, warum er meine, Befreiung zu brauchen. Er befand sich in einer tiefen Depression und stellte manchmal Überlegungen an, wie er sich am besten umbringen könne. Ich mußte mich wirklich wundern, daß ihm der Widerspruch zwischen seiner

Überzeugung, er werde nie sterben und seiner Angst, er könnte sich umbringen, noch nie aufgefallen war!

Viertens gibt es solche, die in bezug auf Ehre und Stellung im Leben irregeführt werden. Sie haben ein unerfülltes Bedürfnis, respektiert zu werden. Die meisten dieser Menschen sind in ihrer Kindheit hart abgelehnt und mißhandelt worden. Der Betrug, in den sie verfallen, ist der Fehlglaube, daß sie einmal berühmt werden und eine hohe Stellung im Leben erlangen, so daß andere gezwungen werden, sie anzuerkennen.

Ein klassisches Beispiel dieser Art von geistlicher Verirrung war ein Teenager, ein Junge, den die Leiter eines christlichen Jugendlagers zu mir brachten. Dieser junge Mann war der felsenfesten Überzeugung, daß es ihm bestimmt war, der Herrscher der ganzen Welt zu werden. Er hatte ein sehr umfangreiches Notizbuch mitgebracht, das mit seinen Welteroberungs-Konzepten gefüllt war. Vorne befand sich eine Karte, auf der die Stelle eingezeichnet war, wo sich sein globales Hauptquartier befinden sollte. Es gab Entwürfe für geheime Raketensysteme und ähnliches Rüstungsmaterial, das ihm möglich machen sollte, die Welt zu erobern. Das Notizbuch war mit äußerster Sorgfalt ausgearbeitet worden, und das Informationsmaterial war in einer kodierten Sprache aufgezeichnet, die der junge Mann für uns übersetzte. Es war für ihn eine feststehende Tatsache, daß er dazu bestimmt war, der oberste Herrscher über alle Nationen zu werden.

Als der Jugendliche seine Ausführungen beendet hatte, stellte ich ihm eine einzige Frage: »Wie ist deine Beziehung zu deinem Vater?« Er ließ den Kopf hängen und erwiderte: »Mein Vater liebt mich nicht.« »Aber wenn du der Herrscher über die ganze Welt wirst, dann wird selbst dein Vater gezwungen sein, deine Wichtigkeit anzuerkennen. Stimmt's?« »Ja«, gab er zu. Dann begann ich ihm zu erklären, daß die ganze Idee mit der Weltherrschaft ein Betrug war. Das einzige, wonach er wirklich suche, sei die Liebe seines Vaters. Es bedurfte vieler Überredungskünste und logischer Beweisführung, bis er begriff, daß er sich in einem horrenden Irrtum befand, aber am Ende akzeptierte er die Wahrheit und wurde freigesetzt.

Eine schöne Vervollständigung dieser Geschichte ist die Tatsache, daß der Vater seine Fehler einsah und anfing, eine liebevolle Beziehung zu seinem Sohn aufzubauen, die dieser so dringend brauchte. Einige Monate später schrieben die beiden an mich und berichteten von dem Sieg, den sie errungen hatten.

Erkrankungen des Gemüts, der Emotionen und des Körpers

Vor Jahren bekam ich heftige Schmerzen in der Brust und wurde in ein Krankenhaus eingeliefert, um eine Reihe von Tests durchführen zu lassen. Der Arzt fragte mich, ob ich mich unter irgendeinem seelischen Druck befunden hätte. Ich sagte nein, aber ich log, weil es mir zu peinlich war, zuzugeben, daß ich einige Wochen zuvor von meiner Gemeinde entlassen worden war, weil ich die Taufe im Heiligen Geist erfahren hatte. Meine Entlassung bedeutete, daß ich mein Gehalt, meine Krankenversicherung und meine Rentenversicherung verloren hatte. Mein Stolz war verletzt, und meine engsten Freunde zeigten mir jetzt eine kalte Schulter. Meine Reaktionen waren Groll und Furcht. Als nächstes eröffnete mir der Arzt, daß ich herzkrank war.

Der Teufel hatte nämlich nicht lange gefackelt und hat Vorteile aus meiner sündigen Reaktion auf Ablehnung gezogen. Nachdem ich Buße getan und mich entschlossen habe, Gott zu vertrauen, wurden die Dämonen ausgetrieben, und die Herzerkrankung verschwand.

Wenn wir es zulassen, daß unsere Verletzungen sündige Reaktionen produzieren, wird Sünde Druck erzeugen, und Druck wird Krankheiten bewirken. Viele körperliche Heilungen geschehen als Ergebnis einer

Reinigung unseres Lebens von Sünde und Schuld und von der daraus resultierenden Dämonisierung. Die Heilung des inneren Menschen ist ebenfalls ein Ergebnis der Befreiung von Dämonen, die in einen Menschen hineingekommen sind infolge der Wunden der Ablehnung und der sündigen Reaktionen und Fehlanpassung an die Verletzungen.

Mehr über Ablehnung

Es besteht eine direkte Beziehung zwischen den inneren Verletzungen und der seelischen Labilität eines Menschen. Wie wir bereits gesehen haben, bewirkt die Furcht vor Ablehnung, daß ein Mensch mißtrauisch wird und andere verdächtigt. Seine Reaktion auf Angst vor weiterer Ablehnung hat ihn paranoid gemacht. Sein Mangel an innerer Stabilität erzeugt bei anderen, die eine Beziehung zu ihm aufzubauen versuchen, ein deutliches Unbehagen. So kommt es, daß er erneut abgelehnt wird. Auf diese Weise schafft Ablehnung die Voraussetzung für mehr Ablehnung. Das Leben wird zu einem Teufelskreis von Verletzung, Reaktion, Ablehnung usw.

Jeder, in dem Mißtrauen rumort, gleicht einem Dampfdrucktopf, in dem sich immer mehr Dampf bildet. So wie beim Dampfdrucktopf der Dampf durch das dafür vorgesehene Sicherheitsventil entweicht, wenn sich der Druck der Gefahrengrenze nähert, muß auch der Paranoide durch Konfrontationen Dampf ablassen. Er schlägt aus und beschuldigt die Menschen um ihn, weil er denkt, daß sie gegen ihn arbeiten. Seine unsinnigen Konfrontationen beleidigen andere, die ihm dafür noch mehr Ablehnung entgegenbringen.

Die labile Persönlichkeit zeichnet sich durch labiles Verhalten aus. Wenn jemand, der sich selbst ablehnt, einen anderen Persönlichkeitstyp annimmt, wird er für andere zu einem Rätsel. Welche Persönlichkeit wird sich als nächstes zeigen? Wird er sich innerlich zurückziehen und in Depression versinken, oder wird er nach außen hin rebellisch und zornig sein? Solche unregelmäßige Verhaltensmuster verursachen bei anderen Unbehagen und ziehen erneute Ablehnung nach sich.

Wenn man jemand liebt, der andere aber diese Liebe nicht bemerkt und nicht erwidert, baut sich schnell Entmutigung auf. Liebe, die in das Leben eines anderen investiert ist, ist wie Geld auf einer Bank. Wenn die Investition keinen Gewinn abwirft, wird man sein Kapital irgendwo anders anlegen.

Komplizierte Persönlichkeiten stellen eine Herausforderung dar. Helfer, die optimistisch gesinnt sind, nehmen oft diese Herausforderung schnell an, aber leider wird mehr benötigt, als nur Eifer und guter Wille, um die Komplikationen zu entwirren. Seelsorger ohne viel Erfahrung werden schließlich frustriert und lassen die ganze Sache fallen. Die Hoffnung auf Heilung fällt in ein Nichts zusammen, und die verwundete Seele wird durch erneute Ablehnung verletzt.

Falsche Helfer werden angezogen

Wenn ein Blinder einen anderen Blinden führt, werden beide in einen Graben fallen. Menschen mit inneren Schmerzen tendieren dazu, ihre Probleme mit jedem zu besprechen, der ihnen in den Weg kommt. Wenn die Probleme dargelegt worden sind, wird derjenige, der den Bericht gehört hat, in Position versetzt, irgendwie zu reagieren. Mit anderen Worten, er wird dazu aufgefordert, sich als Seelsorger zu betätigen. Je länger die Liste der unqualifizierten Seelsorger wird, desto mehr Verwirrung entsteht.

Auch gibt es keinen Mangel an selbsternannten Helfern, die fälschlicherweise glauben, daß Gott sie dazu berufen hat, jeden in Sichtweite zu »beseelsorgern«. Sie »eifern«, aber sie »eifern mit Unverstand«.

Wiederum gibt es viele mitleidige Seelen. Aber der Verwundete braucht mehr als Mitleid. Besonders wenn der Abgelehnte bereits ins Selbstmitleid gefallen ist, macht die Bemitleidung seitens anderer die Sache nur noch schlimmer.

Falsche Behandlung wird heraufbeschworen

Wunden am Körper sind empfindlich. Man kann sie nicht berühren, ohne daß der Verwundete Schmerzen fühlt. Das Gleiche trifft auf die Wunden der Seele zu. Nehmen wir an, eine Ehefrau hat in ihrem Leben viel Leid erfahren müssen und kann nur wenig Härte ertragen. Ihr Mann versteht es jedoch nicht, sanft, freundlich und mitfühlend zu sein. Er brüllt seine Frau an: »Warum reißt du dich nicht endlich zusammen? Du mußt es lernen, dich zu beherrschen. Dieses ständige Heulen macht mich reine verrückt! Ich werde das Gesundheitsamt anrufen, damit sie dich in eine Klapsmühle stekken!« Die Not dieser Frau wird durch ihren herzlosen Mann nur noch viel schlimmer. Sie braucht verzweifelt Hilfe, aber statt dessen werden ihr nur rechthaberische Forderungen an den Kopf geworfen ohne jede praktische Hilfestellung.

Wenn die Probleme eines Menschen das Ergebnis von Ablehnung sind, dann muß jede angebotene Hilfe in Liebe eingewickelt sein. Selbst dann kann es vorkommen, daß echte Hilfe ganz ausgeschlagen oder zunächst noch nicht angenommen wird, sondern die angebotene Liebe einer Prüfung unterzogen wird, ob sie auch echt ist.

Kapitel 6
Hilfe bei Ablehnung

»Darum sollen alle, die dich fressen, gefressen werden, und alle deine Bedränger sollen insgesamt in die Gefangenschaft gehen. Und deine Plünderer sollen der Plünderung anheimfallen, und alle, die dich beraubt haben, werde ich dem Raub preisgeben. Denn ich will dir Genesung bringen und dich von deinen Wunden heilen, spricht der Herr, weil man dich eine Verstoßene nennt: ›Das ist Zion, nach dem niemand fragt!‹« (Jer 30,16.17).

Unser Gott hat uns absolute Heilung und Befreiung versprochen. Es ist Zeit, daß die Bedrängten im Glauben zum Herrn kommen. Jesus hat gesagt: *»... er hat mich gesandt, Gefangenen Befreiung auszurufen und... Zerschlagene in Freiheit hinzusenden« (Lk 4,18).*

Der Große Arzt hat für Heilung und Befreiung ganz bestimmte Bedingungen festgelegt. Diese Voraussetzungen für unsere Wiederherstellung sind einfach, aber notwendig.

Sei bereit zu lernen

Die erste Bedingung für Wiederherstellung ist Belehrbarkeit. Viele Änderungen müssen vorgenommen werden. Alte Weisen zu reagieren und sich in falscher Weise anzupassen müssen geändert werden. Falsche Denk- und Verhaltensmuster müssen rückläufig gemacht werden. Alles, was im Leben eines Menschen nicht christusähnlich ist, muß nach Jesu Vorbild ausgerichtet werden.

Pastoren und Seelsorger sind geistliche Ärzte. Der »Patient« übergibt ihnen seinen Fall, um Diagnose und Behandlung zu erhalten. Der »Arzt« selbst sucht Weisheit und Erleuchtung von oben. Er verschreibt das, was benötigt wird, um den »Patienten« wieder in den Zustand der Gesundheit zu bringen. Manchmal stimmen die Diagnose des »Arztes« und sein Behandlungsprogramm nicht mit den Vorstellungen des »Patienten« überein und werden von dem »Patienten« abgelehnt. Dies bindet dem »Arzt« die Hände, und er ist nicht in der Lage zu helfen.

Ein Mensch kann normalerweise seine eigenen Leiden nicht genau diagnostizieren. Er neigt dazu, mehr die Probleme, die sich an der Oberfläche zeigen, zu sehen, und hat wenig Einblick in die Probleme, die an der Wurzel liegen. Wenn er den Dienst eines Seelsorgers in Anspruch nehmen will, muß er sich unterordnen, mit ihm zusammenarbeiten und das tun, was der Seelsorger ihm sagt.

Korrektur ist keine Ablehnung! Es hat viele Fälle gegeben, wo ich denen, die zu mir gekommen waren, überhaupt nicht helfen konnte. Jede absolut berechtigte Änderung, die ich von ihnen verlangte, stuften sie als Bestrafung ein. Dieses »Korrektur ist gleich Strafe« Syndrom macht eine Person unbelehrbar. Belehrbarkeit liegt im Willen des Menschen. Er muß sich einverstanden erklären, die seelsorgerlichen Ratschläge zu akzeptieren und danach zu handeln. Er wird nichts dadurch erreichen, daß er von einem Seelsorger zum anderen läuft, um einen zu finden, der mit seiner Art, die Dinge zu sehen, einverstanden ist. Er muß demütig eingestehen: »Das Problem bin ich selbst. Ich muß mich ändern.«

»Alle Züchtigung scheint uns zwar für die Gegenwart nicht Freude, sondern Traurigkeit zu sein; nachher aber gibt sie denen, die durch sie geübt sind, die friedsame Frucht der Gerechtigkeit« (Hebr 12,11).

Vergebung

Vergebung allen gegenüber, die uns beleidigt und uns weh getan haben, ist eine absolute Voraussetzung für

Befreiung. Vergebung ist für uns eine ständige Verpflichtung, die wir niemals vernachlässigen dürfen. *»Seid niemand irgend etwas schuldig, als nur einander zu lieben« (Röm 13,8).* Unvergeben fängt in der Sekunde an, wo die Vergebung verweigert wird. Jeder, der Vergebung von Gott empfangen will, muß anderen vergeben.

Jesus erzählte von einem Knecht, der seinem Herrn eine riesige Summe schuldete, aber keine Mittel hatte, diese Schuld jemals zu bezahlen. Dieser Knecht fiel vor seinem Herrn nieder und bat ihn, Geduld zu haben. Der Herr wurde von Mitleid bewegt und erließ seinem Knecht die Schuld. Diese Begebenheit illustriert, wie tief wir vor Gott verschuldet sind. Es existiert überhaupt keine Möglichkeit für uns, diese enorme Sündenschuld zu bezahlen. Aber wenn wir den Herrn um Gnade anflehen, bekommen wir Vergebung.

Der Knecht, dem seine Riesenschuld erlassen wurde, weigerte sich anschließend, seinem Mitknecht eine sehr kleine Schuld zu erlassen.

»Und der Herr wurde zornig und überlieferte ihn den Folterknechten, bis er alles bezahlt habe, was er ihm schuldig war« (Mt 18,34).

Die Worte, die Jesus als nächstes sagt, sind an uns gerichtet: *»So wird auch mein himmlischer Vater euch tun, wenn ihr nicht ein jeder seinem Bruder von Herzen vergebt« (Mt 18,35).*

Was macht unser himmlischer Vater mit uns, wenn wir anderen nicht vergeben? Er übergibt uns den Folterknechten! Dämonische Geister sind diese Folterknechte.

Es ist eine sehr schwerwiegende Sache, anderen ihre Schuld nicht zu vergeben. Die Vergebung, die der Mensch von Gott empfangen hat, wird widerrufen, wenn er sich weigert, anderen zu vergeben. Das Unvergeben bringt ihn unter einen Fluch, und Dämonen bekommen die Erlaubnis, ihn zu quälen.

Vergebung ist nicht ein Gefühl. Sie ist eine rationale Entscheidung, ein Willensakt. Wir setzen Vergebung in die Tat um, weil wir dem Befehl Gottes gehorchen. Gott sagt, daß wenn wir von ihm Vergebung erwarten, müssen wir selbst Vergebung praktizieren. Wenn wir uns dafür entscheiden, nicht zu vergeben, können wir damit rechnen, gequält zu werden, bis wir es doch tun. Wenn Gott einen Menschen den Dämonen übergeben hat, kann kein Pastor oder Seelsorger auf dieser Erde ihm mit Befreiung dienen und ihn aus seinem Gefängnis befreien, bis er die Bedingungen Gottes erfüllt. Die aus seiner Weigerung zu vergeben resultierende Qual kann sich in seinem Leben in dem Bereich des Gemüts, der Emotionen, der körperlichen Beschwerden oder auch in seinen Lebensumständen manifestieren.

Eine Person muß auch sich selbst gegenüber Vergebung üben. Nachdem sie Gottes Vergebung empfangen hat, muß sie sich selbst vergeben. Der Verkläger wird sagen: »Du verdienst es nicht, daß dir vergeben wird. Das, was du getan hast, ist unentschuldbar. Du mußt bis zu deinem Lebensende die Schande und die Schuld tragen.« Sich selbst nicht zu vergeben, bringt einen Menschen genauso in eine Gebundenheit, wie seine Weigerung, anderen zu vergeben.

Vergiß

Die Schmerzen der Vergangenheit müssen vergessen werden. Der Dämon des »Zurückrufens ins Gedächtnis« muß hinausgeworfen werden, denn es gibt einen Dämon, dessen Spezialität es ist, das in der Vergangenheit erlittene Unrecht im Gedächtnis lebendig zu halten. Es ist so, als hätte dieser Feind eine Vidoekassettenbücherei mit detaillierten Aufnahmen aller schmerzlichen Erlebnisse, die man im Leben gehabt hatte und die er in der Vorstellung seines Opfers immer und immer wieder ablaufen läßt. Dieser Dämon benutzt diese Gedächtnisanregung, um die peinvollen Erinnerungen an die früheren Verletzungen frisch und lebendig zu erhalten.

Durch ständige Erinnerung an erlittenes Unrecht werden Unvergeben, Bitterkeit und Haß lebendig erhalten.

Der Apostel Paulus spricht von seinem festen Entschluß, das, was »dahinten« ist – die Vergangenheit – zu vergessen (siehe Phil 3,13). Dieses Prinzip des Vergessens muß mit aller Entschiedenheit auf die inneren Aufzeichnungen der Sünden anderer gegen uns angewandt werden. Denn durch das ständige Denken an die schmerzlichen Erlebnisse der Vergangenheit ruinieren wir auch unsere Gegenwart. Jeder neue Tag wird dadurch verdorben. Solche Erinnerungen dienen keinem nützlichen Zweck. Wir dürfen auf keinen Fall vergessen zu vergessen!

Tue Buße

Es ist absolut möglich, daß unser eigenes Fehlverhalten die Ursache für die Verletzungen ist, die wir von anderen bekommen. Gott erwartet von uns totale Ehrlichkeit und Demut, wenn wir vor seinen Thron kommen:

»Erforsche mich, Gott, und erfahre mein Herz; prüfe mich und erfahre, wie ich's meine. Und siehe, ob ich auf bösem Wege bin, und leite mich auf ewigem Wege« (Psalm 139,23.24; Luther-Übers.).

Verletzungen, die man erfährt, werden gewöhnlich sehr viel deutlicher wahrgenommen, als Verletzungen, die man verursacht. Es ist leichter, die Sünde im Leben eines anderen zu erkennen, als im eigenen Leben. Wie oft magst du schon andere abgelehnt und ihnen Kummer zugefügt haben? Alle Sünde ruft nach Buße. Die einzige Möglichkeit, Gottes Vergebung zu empfangen, ist in seine Gegenwart durch die Tür der Buße einzutreten.

Es ist durchaus möglich, daß falsche Reaktionen und Fehlanpassungen an Verletzungen nicht als Sünde erkannt wurden. Aber jede Abweichung von dem offenbarten Willen Gottes ist Sünde. Negative Reaktionen auf das erlittene Unrecht und Fehlanpassungen an schmerzliche Situationen stehen im Gegensatz zu Gottes Geboten und zu seinem Rat. Sie öffnen weitere Türen, die weiteren Dämonen den Eintritt ermöglichen. Wenn über die Sünde Buße getan wird, dann wissen die Dämonen, daß die Tür, durch die sie hereingekommen sind, ausfindig gemacht worden ist. Buße geht der Befreiung vorauf. Ohne echte Buße kann es keine Befreiung geben.

Versöhne dich

Versöhnung ist die Wiederherstellung einer zerbrochenen Beziehung. Durch das Kreuz erreichte Gott Versöhnung für Sünder. Denn Gott hat *»uns mit sich selbst versöhnt durch Jesus Christus« (2.Kor 5,18).* Das griechische Wort für »Versöhnung« bedeutet eine vollständige Änderung, ein Wechsel von Feindschaft zu Freundschaft. Gott erklärt mit Bezug auf diese Art von Versöhnung:

»Daher, wenn jemand in Christus ist, so ist er eine neue Schöpfung; das Alte ist vergangen, siehe, Neues ist geworden« (2.Kor 5,17).

Das vergossene Blut Jesu macht es möglich, daß Dinge sich total ändern können, und diese Änderung ist Versöhnung. Durch die Versöhnung können solche, die einst Gottes Feinde waren, seine Kinder und Teilhaber an seiner göttlichen Natur werden.

Genügte es nicht, daß Gott einfach vergab? Nein, Gott wünschte sich mehr als nur eine Ansammlung von Sündern, denen ihre Sünden vergeben worden sind. Er wollte, daß seine Beziehung zu der sündigen Menschheit wiederhergestellt wird. Als Adam und Eva sündigten, übertrug sich die Sünde auf uns alle, und die Gemeinschaft mit Gott war zerstört. Aber durch die Versöhnung ist unsere Gemeinschaft mit Gott wiederhergestellt worden *(siehe Röm 5,17-19).*

Genügt es denn nicht, daß wir anderen einfach vergeben? Nein, denn Gott möchte, daß unsere Beziehungen geheilt und wiederhergestellt werden. Vergebung, die wir anderen entgegenbringen, ist die Einleitung zu Versöhnung. Und Versöhnung ist eine Sache mit zwei Seiten. Die eine Seite muß sie anbieten, und die andere muß sie akzeptieren. So kommt auch unsere Versöhnung mit Gott zustande. Gott bietet sie uns an, aber wir müssen sie annehmen. Der Prozeß der Versöhnung führt bei zwei Menschen dann zum Ziel, wenn die Wiederherstellung der Beziehung von dem einen eingeleitet und von dem anderen akzeptiert wird.

Wir können einen anderen Menschen nicht dazu zwingen, mit uns versöhnt zu werden, aber Gott hat es hundertprozentig deutlich gemacht, daß das Versagen bei dem Versuch zur Versöhnung niemals auf unser Konto gehen darf: *»Wenn möglich, so viel an euch ist, lebt mit allen Menschen in Frieden« (Röm 12,18).*

Es kann einem schon ganz schön zusetzten, wenn man eine Versöhnung mit jemand erwägt, der einem sehr weh getan hat. Aber man sollte stets daran denken, daß der wahre Beweis einer geheilten Beziehung ist, daß sie Frieden hervorbringt. Und wenn eine geheilte Beziehung Frieden produziert und frei von Streit und chaotischen Zuständen ist, dann soll man sie nicht fürchten, sondern sie mit Freude herbeiwünschen.

Stabilisierung in der Liebe Gottes

Jesus war »verachtet und von den Menschen verlassen«, aber er litt nicht an einer gestörten Persönlichkeit *(siehe Jes 53,3).* Es gibt einen Hauptgrund, warum Jesus stabil blieb, obgleich er immer wieder verletzt wurde: Er war in der Liebe des Vaters sicher geborgen. Er konnte dem Willen des Vaters in seinem Leben die Vorfahrt geben, sogar soweit, daß er willig war, am Kreuz zu sterben, weil er wußte, daß der Vater ihn liebt. Er konnte die grausame Ablehnung der Menschen ertragen, weil er in der Liebe des Vaters gegründet war:

»Der Vater liebt den Sohn und hat alles in seine Hand gegeben« (Joh 3,35). »Denn der Vater hat den Sohn lieb und zeigt ihm alles, was er selbst tut« (Joh 5, 20).

Es ist nicht die treue Liebe von Menschen, die uns die Sicherheit und Stärke vermittelt, die wir brauchen, um die Heilung von den Schlägen und Verletzungen zu empfangen. Vielmehr ist es die Liebe des Vaters und seine unwandelbare Treue, die uns stark machen und gesunden lassen. Gewöhnlich wird der Fehlschluß gezogen, daß wenn die menschliche Liebe versagt hat, die Liebe Gottes auch versagt hat. Aber Jesus hat uns folgende Zusicherung gegeben, damit wir selbst dann stabil bleiben können, wenn wir durch andere traumatisiert worden sind. Jesus hat gesagt: *»Der Vater selbst hat euch lieb« (Joh 16, 27).*

Die Schmerzen, die durch Ablehnung verursacht wurden, zerstören das Vertrauen eines Menschen. Wie kann man je wieder lernen, auf menschliche Liebe zu vertrauen? Nun, man hat niemals eine Garantie dafür, daß menschliche Liebe nicht versagt oder enttäuscht. Es gibt nur eine Liebe, die nicht versagen kann – die Liebe Gottes. Aus diesem Grund schafft das Vertrauen einer Person auf die Liebe Gottes eine Stabilität in deren innerem Menschen.

Stabilisierung in der Liebe der Menschen

Vertrauen auf die Liebe Gottes ist das Fundament für den Mut, das Risiko einer menschlichen Beziehung, die auf Liebe basiert, einzugehen. Ich nenne es ein Risiko, weil alle menschliche Liebe tatsächlich versagen kann. Je mehr man jedoch von stabiler menschlicher Liebe umgeben wird, desto leichter wird es für den Betreffenden, die Auswirkungen dessen zu überwinden, daß seine Seele durch Ablehnung zerfetzt wurde.

Paulus wollte zeigen, wie die Glieder des Leibes Christi einander dienen sollten und schrieb: *»Die Liebe sei ungeheuchelt« (Röm 12,9).* Es gibt so viele Menschen, die von ihren eigenen Familien abgelehnt wurden. Sie hungern nach Liebe. Die Gemeinde, die Familie Gottes, sollte dafür sorgen, daß in ihr eine heilende Atmosphäre herrscht für solche, die in ihrem Leben der Liebe beraubt wurden.

Wie erkennt man, daß ein Mensch in der Liebe stabil geworden ist? Erstens ist er auf einmal in der Lage, anderen Liebe zu geben, ohne eine Gegenleistung zu fordern. Er kann lieben, ohne daß er wiedergeliebt wird. Zweitens er kann, wenn er Ablehnung erfährt, mit Vergebung reagieren. Er wird nicht sündig reagieren, indem er im Zorn um sich schlägt, grollt oder sich bedauert.

Laß dich befreien!

Befreiung ist Erlösung. Das griechische Wort »soteria« bedeutet Befreiung, Bewahrung und Erlösung. Dieses Wort umfaßt all die Segnungen, die Gott in Christus den Menschen durch den Heiligen Geist geschenkt hat. Befreiung von bösen Geistern ist am Kreuz erwirkt worden. Jesus hat Satan besiegt, die Werke des Teufels zerstört und seinen Nachfolgern Autorität über alle Macht des Feindes gegeben.

Gläubige machen Gebrauch von der Befreiung, wenn sie den Dämonen mit der Autorität, die Gott ihnen gegeben hatte, entgegentreten. Das Heilmittel bei Dämonisierung ist, daß die niederdrückenden, störenden, quälenden, kontrollierenden und hindernden Geister aus dem Menschen hinausgeworfen werden.

Wenn jemand das vorhergehende Material soweit gelesen hat, müßte er ein klares Bild davon haben, in welchen Bereichen er Befreiung benötigt. Es kommt recht selten vor, daß man einem Menschen begegnet, der überhaupt keine Befreiung von bösen Geistern braucht, die durch Folgen der Ablehnung in ihn hineingekommen sind.

Befreiung ist ein Aspekt der inneren Heilung. Jesus hat sie uns genau zu diesem Zweck möglich gemacht.

Böse Geister sind für die meisten Persönlichkeitsstörungen und seelische Labilität verantwortlich, und innere Heilung wird erfahren, wenn Dämonen ausgetrieben worden sind. Es ist möglich, daß ein Gläubiger sich selbst mit Befreiung dient, aber der beste Weg ist, daß zuerst ein in Befreiung erfahrener Seelsorger für einen betet.

Fülle dein Haus

»Wenn aber der unreine Geist von dem Menschen ausgefahren ist, so durchwandert er dürre Orte, sucht Ruhe und findet sie nicht. Dann spricht er: Ich will in mein Haus zurückkehren, von dem ich ausgegangen bin; und wenn er kommt, findet er es leer, gekehrt und geschmückt. Dann geht er hin und nimmt sieben andere Geister mit sich, schlimmer als er selbst, und sie gehen hinein und wohnen dort; und das Ende jenes Menschen wird schlimmer als der Anfang« (Mt 12,43-45).

Es ist eine Sache, Dämonen auszutreiben, und eine völlig andere, sie draußen zu halten. Manche haben festgestellt, daß es schwerer ist, die Befreiung zu halten, als sie zu empfangen. Wenn Dämonen, die ausgetrieben worden sind, nicht auch daran gehindert werden, wieder hinein zu kommen, kann man da wirklich sagen, daß eine Befreiung stattgefunden hat?

Jesus unterstrich, wie wichtig es sei, die Befreiung aufrechtzuerhalten, indem er das Bild eines Hauses benutzte, das nicht leer stehen darf, nachdem die früheren Hausbewohner durch einen Räumungsbefehl hinausgeworfen wurden. Jesus lehrte, daß Dämonen in den Menschen zurückkehren können, wenn ihnen die Gelegenheit dazu geboten wird. Nur dadurch, daß man Dämonen austreibt, kann man keinen permanenten Sieg erzielen.

Jesus sprach auch gleichzeitig die Warnung aus, daß wenn man es nicht verhindert, daß Dämonen zurückkommen, sie mit Verstärkung zurückkehren können.

Die ausgetriebenen Dämonen sehen ein Leben, aus dem sie entfernt worden sind, in dem aber sonst keinerlei Veränderungen vorgenommen wurden, als eine offene Tür, durch die sie in Begleitung von Geistern, die schlimmer sind als sie selbst, wieder eintreten können.

Der ganze Zweck dessen, daß man sich von Sünden reinigt und von Dämonen freimacht, ist, daß man mit Jesus selbst erfüllt wird. Wenn ein Mensch lediglich das Ziel verfolgt, lästige Probleme loszuwerden, handelt er kurzsichtig.

»Da wir nun diese Verheißung haben, Geliebte, so wollen wir uns reinigen von jeder Befleckung des Fleisches und des Geistes und die Heiligkeit vollenden in der Furcht Gottes« (2.Kor 7,1).

Dabei stellen sich uns entscheidende Fragen: Wer bewerkstelligt die Erfüllung? Wie kommt diese Erfüllung zustande? Womit muß man erfüllt werden?

Derjenige, der die Befreiung empfängt, ist dafür verantwortlich, daß sein Haus gefüllt wird. Es gibt kein Beispiel in der Bibel dafür, daß etwa Jesus das Haus dieses Menschen für ihn füllt. Andere können dabei behilflich sein, aber die Verantwortung liegt auf demjenigen, der gerade befreit wurde. Niemand kann geistliche Entscheidungen für uns treffen. Wir selbst müssen geistlich handeln.

In ein gereinigtes Gefäß muß das Gegenteil von dem hinein, was hinausgeschüttet wurde. Wurde Furcht ausgetrieben, muß Glaube hinein kommen. Wurde Verdorbenheit hinausgeworfen, muß Reinheit ihre Stelle einnehmen. Wenn Haß und Bitterkeit gehen mußten, müssen Vergebung und Liebe die leer gewordenen Räume ausfüllen. Mit anderen Worten, man muß sich selbst mit dem Charakter und Wesen Jesu Christi füllen. Wenn ein Mensch völlig mit den Dingen des Heiligen Geistes ausgefüllt ist, gibt es keinen Raum mehr für das Böse. *»Wandelt im Geist, und ihr werdet die Lust des Fleisches nicht erfüllen« (Gal 5,16).*

Das Erfüllen des Hauses wird dadurch erreicht, daß man ein diszipliniertes christliches Leben führt:

»Sorgt dafür, daß die Sünde über euren sterblichen Körper keine Kontrolle mehr ausübt. Gehorcht nicht mehr seinen pervertierten Wünschen. Laßt eure Körperteile nicht von der Sünde als ihre Werkzeuge zur Ungerechtigkeit mißbrauchen, sondern stellt euch selbst Gott zur Verfügung, als Menschen, die tot waren und nun leben. Ihm gebt eure Hände und Füße und den Rest eures Körpers, damit er sie als seine Werkzeuge benutzen kann, um Gerechtigkeit zu bewirken!« (Röm 6,12.13; frei übertragen und erweitert).

Empfange den Trost Gottes

Befreiung behandelt nur einen Teil des von der Ablehnung verursachten Problems. Man kann sie mit der Beseitigung der Infektion in einer Wunde vergleichen. Eine Infektion der vorhandenen Wunde bedeutet eine Komplikation und verhindert es, daß die Wunde abheilen kann. Wird aber die Infektion behandelt und beseitigt, kann man mit der Behandlung der Wunde selbst beginnen und sie heilen. Dieser Vergleich hilft uns zu verstehen, warum noch ein weiterer Schritt nötig ist, um die Heilung der Ablehnungswunden vollständig zu machen.

Die Wunde der Ablehnung erzeugt Kummer und Leid. *»Durch den Kummer des Herzens wird der Geist gebrochen (verwundet)« (Spr 15,13; frei übersetzt).* Das Heilmittel für Kummer ist Trost. *»Horch! In Rama hört man Totenklage, bitteres Weinen. Rahel beweint ihre Kinder. Sie will sich nicht trösten lassen« (Jer 31,15).*

Woher kommt Trost? Trost kommt von Gott. *»Gepriesen sei Gott... Gott alles Trostes, der uns tröstet in all unserer Drangsal...« (2.Kor 1,3.4).*

Wie kann man diesen Trost bekommen? Man nimmt ihn als ein Geschenk der Gnade Gottes an, genauso wie man auch der Erlösung von Sünde annehmen muß.

»Denn aus Gnade seid ihr errettet durch Glauben...« (Eph 2,8). Jesus hat den Heiligen Geist gesandt, uns das zu bringen, was Jesus für uns am Kreuz erkauft hat:

»Und ich will den Vater bitten, und er wird euch einen anderen Tröster geben, daß er bei euch sei in Ewigkeit... Ich will euch nicht als Waisen zurücklassen; ich komme zu euch« (Joh 14,16.18. Luther-Übers.).

Innere Heilung wird auf genau die gleiche Weise empfangen wie physische Heilung. Man kann im Glauben bitten und geheilt werden (siehe Mt 9,22). Oder man kann die Ältesten der Gemeinde rufen, die einen mit Öl salben und das Gebet des Glaubens beten (siehe Jak 5,14-16):

»Darum sage ich euch: Alles, um was ihr auch betet, glaubt, daß ihr es empfangen habt, und es wird euch werden« (Mk 11,24).

Heute stellt Jesus jedem, der durch Ablehnung verletzt wurde, die gleiche Frage, die er dem elenden Krüppel am Teich Bethesda stellte: Willst du gesund werden? *(Joh 5,6).* Gib Jesus deine Wunden! Fasse den festen Entschluß, getröstet zu werden!